AF157042

Deutsches Leben

zur Zeit der sächsischen Kaiser.

Ein Beitrag

zu den deutschen Privataltertümern

von

Dr. Johann Sass.

Berlin.
Verlag von Julius Springer.
1892.

ISBN-13: 978-3-642-94094-1   e-ISBN-13: 978-3-642-94494-9
DOI: 10.1007/978-3-642-94494-9

Softcover reprint of the hardcover 1st edition 1892

Meinen geliebten Eltern.

Übersicht des Inhalts.

Verzeichnis

der hauptsächlichsten Quellen und Hilfsmittel

nebst den angewandten Abkürzungen.

Mi. Gorg. . . . . Miracula S. Gorgonii (SS. IV, 239—247).

Mi. Ou. . . . . . Miracula S. Oudalrici (SS. IV, 419—425).

Walth. . . . . . Waltharius manu fortis (Lateinische Gedichte des 10. u. 11. Jahrh., her. von J. Grimm und A. Schmeller, 1838, S. 1—126).

Ecb. . . . . . . Ecbasis captivi (her. von E. Voigt, 1875, Quellen und Forschungen VIII).

Fec. . . . . . . Egbert von Lüttich, Fecunda Ratis (her. von E. Voigt, 1889).

Vb. . . . . . . St. Galler Totenbuch und Verbrüderungen (her. von E. Dümmler und H. Wartmann, Mitteilungen zur vaterl. Gesch. n. F. Heft 1, 1869).

Rath. . . . . . Ratherii episcopi Veronensis opera (her. von P. u. H. Ballerini, 1765).

Erk. . . . . . . Leges municipales, quas Argentinensi civitati dedit Erkembaldus (Migne, Patrologia Latina — **P. L.** — 137, 583—598).

Eck. ben. . . . . Eckehardi benedictiones ad mensas (her. von F. Keller, Mitteilungen der antiquarischen Gesellschaft in Zürich, III, 1846 und 1847, 99—121).

Jacob. . . . . . G. Jacob, Ein arabischer Berichterstatter aus dem 10. oder 11. Jahrh. über Fulda, Schleswig, Soest, Paderborn und andere deutsche Städte. 1890.

Dipl. . . . . . Die Urkunden der deutschen Könige und Kaiser (Quartausgabe der M. G. I, 1879—1884; II, 1, 1888).

Frf. Ub. . . . . Urkundenbuch der Reichstadt Frankfurt (her. von J. F. Boehmer, 1836).

S. G. Ub. . . . . Urkundenbuch der Abtei Sanct Gallen (bearb. von H. Wartmann, II, 1866).

Mrh. Ub. . . . . Mittelrheinisches Urkundenbuch (her. von H. Beyer, I, 1860).

Nrh. Ub. . . . . Urkundenbuch für die Geschichte des Niederrheins (her. von Th. Jos. Lacomblet, 1840).

W. Ub. . . . . . Wirtembergisches Urkundenbuch, 1849.

Ahd. Gl. . . . . A. H. Hoffmann, Althochdeutsche Glossen, 1826.

Schl. Gl. . . . . Die Schlettstädter Glossen (her. von W. Wackernagel, Zeitschrift für deutsches Altertum, V, 1845, 318—368).

Du C. . . . . . Du Cange, Glossarium mediae et infimae latinitatis, 1883 ff.

Eye u. F. . . . . A. v. Eye und J. Falke, Kunst und Leben der Vorzeit vom Beginn des Mittelalters bis zu Anfang des 19. Jahrh. 3. A. 1868.

H.-A. . . . . . J. H. v. Hefner-Alteneck, Trachten, Kunstwerke und Gerätschaften vom frühen Mittelalter bis Ende des 18. Jahrh. nach gleichzeitigen Originalen, 2. A. I. 1879.

Gerdes. . . . . . H. Gerdes, Geschichte des deutschen Volkes und seiner Kultur zur Zeit der karolingischen und sächs. Könige, 1891.

Inama. . . . . . K. Th. v. Inama-Sternegg, Deutsche Wirtschaftsgeschichte des 10. bis 12. Jahrhunderts, 1891.

Kraus c. E. . . . Fr. X. Kraus, Die Miniaturen des codex Egberti in der Stadtbibliothek zu Trier, 1884.

Lamprecht Bild. K. Lamprecht, Der Bilderschmuck des codex Egberti und des codex Epternacensis (Jahrbuch des Vereins von Altertumsfreunden im Rheinland 1881, 56—112).

Lamprecht W. . K. Lamprecht, Deutsches Wirtschaftsleben im Mittelalter I, 1, 1886.

Meich. . . . . Meichelbeck, Historia Frisingensis II, 1729.

M-S. DM. . . . Müllenhoff - Scherer, Denkmäler deutscher Poesie und Prosa. 2. A. 1873.

N. A. . . . . Neues Archiv der Gesellschaft für ältere deutsche Geschichtskunde.

Otte Bauk. . . H. Otte, Geschichte der romanischen Baukunst in Deutschland. 1874.

Otte Handb. . . H. Otte, Handbuch der kirchlichen Kunstarchäologie des deutschen Mittelalters, 4. u. 5. A.

R. A. . . . . Jacob Grimm, Deutsche Rechtsaltertümer, 3. A. 1881.

Specht. . . . Fr. A. Specht, Geschichte des Unterrichtswesens in Deutschland von den ältesten Zeiten bis zur Mitte des 13. Jahrh. 1885.

Waitz Vfg. . . G. Waitz, Deutsche Verfassungsgeschichte.

Weinh. . . . . K. Weinhold, Die deutschen Frauen in dem Mittelalter. 2. A. 1882.

Weiss. . . . . H. Weiss, Kostümkunde, Geschichte der Tracht und des Gerätes im Mittelalter vom 4. bis zum 14. Jahrh. 1864.

ZfdA. . . . . Zeitschrift für deutsches Altertum.

ZfdK. . . . . Zeitschrift für deutsche Kulturgeschichte.

Einleitung.

Die Aufgabe, deren Lösung wir in der vorliegenden Arbeit versucht haben, besteht darin, die wesentlichsten litterarischen Denkmäler des 10. Jahrhunderts, historische und poetische, auf ihren kultur- und sitten-geschichtlichen Gehalt hin zu durchforschen und eine Darstellung des gewonnenen Materials zu geben. Es ist dabei ausschliesslich dasjenige Gebiet der Kulturgeschichte berücksichtigt worden, welches sich mit den sogenannten Privataltertümern, den äusseren Bedingungen sowie den inneren Verhältnissen des Lebens einer Zeit beschäftigt. Wirklich anschauliche und eingehende Schilderungen der Art sind indessen nur dann möglich, wenn für die betreffende Periode das Werk eines fremden Schriftstellers vorliegt, der, wie Tacitus, die bezeichnenden Eigentümlichkeiten eines Volkes beschreibt, oder aber, wenn uns, wie für das spätere Mittelalter, umfangreiche poetische Erzeugnisse zu Gebote stehen, deren Verfasser, ohne sich um die grossen geschichtlichen Ereignisse zu kümmern, vielmehr die kleinen Dinge des Tages, das Charakteristische in Sitte und Brauch und damit das allgemein Menschliche eines Zeitalters ins Auge fassen. Auf beides müssen wir für die sächsische Kaiserzeit so gut wie gänzlich verzichten. Die einzigen uns erhaltenen grösseren Gedichte, das Walthari-lied und die Ecbasis captivi, gewähren verhältnismässig sehr wenig Anhaltspunkte. Wir sind somit in erster Reihe auf die historischen Quellen angewiesen. Aber auch diese fliessen höchst dürftig; sie sind geradezu armselig zu nennen, wenn man bedenkt, dass wir aus ihnen unsere Kenntnis von dem reichen Leben eines ganzen Jahrhunderts schöpfen sollen. Die Verfasser sind Geistliche, mit geistlichen Augen sehen sie die Welt an. Die Kirche und alles, was ihr anhängt, steht im Mittelpunkte ihrer Interessen; kirchliche Dinge bilden daher, ausser den Mitteilungen über die politische Geschichte, den hauptsächlichsten Bestandteil ihrer Schriften. Auf das Thun und Treiben der gewöhnlichen Menschen blicken sie mit einer gewissen Geringschätzung herab. Nur gelegentlich und meistens unbeabsichtigt finden sich einige Bemerkungen darüber eingestreut. Manche Zustände werden überhaupt nicht berührt, und das Ergebnis der

Forschung gestaltet sich vielfach eher negativ als positiv. Dazu kommt, dass die Verfasser sich gar oft mit fremden Federn schmücken und für die Darstellung von Personen und Begebenheiten ihrer Zeit sich ohne weiteres der Worte und Wendungen älterer Schriftsteller bedienen. So hat beispielsweise der Biograph der Königin Mathilde ganze Abschnitte seines Werkes fast wörtlich aus der von Venantius Fortunatus herrührenden Lebensbeschreibung der Königin Radegunde entlehnt. Nach alledem ist es erklärlich, dass das kulturgeschichtliche Bild, in dem sich für uns die damaligen Lebensverhältnisse des deutschen Volkes wiederspiegeln, ein äusserst unvollkommenes, einseitiges und lückenhaftes bleiben muss. Andererseits wird man es als berechtigt gelten lassen, wenn im Verlaufe der Abhandlung für das Einzelne möglichst viele Belege angeführt werden und nichts, es möge noch so geringfügig und selbstverständlich erscheinen, übergangen wird. — Der für uns in Betracht kommende Zeitraum ist, wie gesagt, das 10. Jahrhundert, oder, etwas weiter gefasst, die Periode der sächsischen Könige. Als Quellen wurden zunächst die gleichzeitigen Geschichtschreiber und Dichter benutzt, ausserdem kleinere Aufzeichnungen verschiedenen Inhaltes, wie die leges municipales Bischof Erkembalds von Strassburg, die benedictiones ad mensas Eckehards IV. und anderes. Zur Ergänzung dienten einige Urkunden und die Realglossare, endlich die in verschiedenen Bilderhandschriften überlieferten Miniaturen, die ja von dem Charakter und der Geschmacksrichtung ihrer Zeit in der Regel ein weit besseres Zeugnis ablegen, als die kargen Worte aller Autoren zusammengenommen dies vermögen. Den in allen diesen Denkmälern enthaltenen Stoff galt es zu sammeln, und gerade auf die Zusammenstellung eines rings zerstreuten Quellenmaterials möchte diese Arbeit, die naturgemäss etwas Abschliessendes nicht zu geben vermag, ihren besonderen Nachdruck legen.

Äussere Lebensbedingungen.

Erstes Kapitel.
Bauten, Wohnungsverhältnisse; Einrichtung des Hauses, Gerät.

Das deutsche Land, das zu Anfang des 10. Jahrhunderts in weiten Strecken noch aus unwirtlichem und unbebautem Waldgebiete bestand, [1] erhielt im Verlaufe desselben ein wesentlich anderes Aussehen. [2] Seit den Tagen Heinrichs I. erblühten zahlreiche neue Städte und Ortschaften, feste Plätze wurden angelegt und sichere Burgen erhoben sich rings in den Gauen. Die eroberten Landesteile wurden durch die lebhaften Kolonisationsbestrebungen der sächsischen Herrscher der Kultur zugänglich gemacht. [3] In wie weit die Herstellung von Strassen und Wegen mit dieser Entwickelung Schritt hielt, wissen wir nicht; [4] jedenfalls benutzte man nach wie vor die aus der Römerzeit stammenden Strassenzüge, unter denen der von Augsburg südwärts über den Brenner durch das Etschthal nach Verona führende einer der verkehrsreichsten gewesen sein mag. [5] Bedeutende Brückenbauten scheinen nicht vorgekommen zu sein; wir hören nur von Brücken leichter Art, die meist zu militärischen Zwecken in aller Eile hier und da aufgeschlagen wurden, wobei als Träger gelegentlich

---

1) Inama, S. 3.
2) Heinrich II. nennt Sachsen einen blumenreichen Paradiesesgarten, (Tietm. VI, 10, S. 139: *Saxoniam, ut sepe professus est, securitatis ac tocius ubertatis quasi florigeram paradisi aulam, revisit.*)
3) Vgl. Inama, S. 5. ff.
4) Vgl. Inama, S. 365.
5) Über eine der ältesten deutschen Strassen, den sogenannten Rennsteig, der sich, die Grenze zwischen Thüringen und Franken bildend, vom Mittelpunkte des Frankenwaldes über den Kamm des Thüringer Waldes bis zum Einfluss der Hörsel in die Werra 30 Meilen lang erstreckt, und der nach einigen bereits im 9., nach anderen erst im 14. Jahrhundert urkundlich vorkommt, vgl. A. Ziegler, der Rennsteig des Thüringer Waldes, 1862. S. 237 ff.

auch Schiffe dienten.[6]) Die Städte, die im Beginne unserer Periode grössten-
teils offene Plätze und ohne Schutz jedem feindlichen Angriffe preis-
gegeben waren, wurden mehr und mehr befestigt. Die häufigen Raub-
züge der Ungarn[7]) und Normannen zwangen dazu. Bekannt sind die Massregeln Heinrichs I. und die energische Thätigkeit, mit der er überall die
Bauten zur Sicherung seiner Unterthanen und zur Verteidigung der Landes-
grenzen betrieb.[8]) Andere folgten seinem Beispiele. Bestanden die Festungs-
werke anfänglich nur aus Holz oder Erdwällen,[9]) so kamen nun bald Stein-
mauern hinzu. Diejenigen St. Gallens, die, von dem 954 verstorbenen
Abte Anno begonnen, im Jahre 975 fertig dastanden, wurden der grösseren
Widerstandsfähigkeit halber sogar mit 13 Türmen versehen.[10]) Starke
Festungen waren Regensburg, Augsburg und Metz. Bot die befestigte
Stadt, man kann sagen die Burg oder das Castell, nicht mehr genügenden
Raum, so siedelten sich die Bewohner ausserhalb in dem sogenannten
suburbium an.[11]) In Kriegszeiten wurde dieser Stadtteil wieder verlassen.[12])
Die Strassen einer damaligen Stadt hat man sich sehr eng vorzustellen;
ein freier Platz, auf dem sich nicht selten ein Brunnen befand, diente zur
Abhaltung des Marktes; bei wichtigen Anlässen oder in der Stunde der
Gefahr rief ein Glockenzeichen die Bewohner zusammen.[13]) Für die Pflege
der Reinlichkeit auf den Strassen gab es in Strassburg wenigstens in der
zweiten Hälfte des Jahrhunderts besondere Vorschriften. Schmutz und
Unrat durften nur an bestimmten Orten abgelagert werden.[14]) Kleinere
dörfliche Ansiedelungen bestanden in reicher Anzahl, vorzugsweise in der
Umgebung einer Stadt, hinter deren Wällen und Mauern das Landvolk

---

6) Wid. III, 54; Tietm. VI, 26, S. 149; VIII, 20, S. 205; Eck cas. 64, S. 231;
vgl. 59, S. 218.

7) Über die Wirkung eines Ungarneinfalles auf Ackerbau und Handel in der
St. Galler Gegend vgl. Eck. cas. 63, S. 226.

8) Vgl. G. Waitz, Jahrbücher des deutschen Reiches unter König Heinrich I.
3. A. 1885. S. 92 ff.

9) V. Ou. 3, SS. IV, 390.

10) Eck. cas. 71, S. 254; 136, S. 433. Vgl. Alp. II, 2, S. 25.

11) Mrh. Ub. I, S. 281, No. 224, a. 966 (für Trier). Th. B. 5, SS. IV, 760
(für Hildesheim).

12) Im allgemeinen sei noch auf folgende hierher gehörige Belegstellen verwiesen:
Wid. I, 9, 11, 32, 35; III, 23, 36, 37, 45; Hr. G. 254, 657, S. 315 u. 329; C. R.
z. J. 924, 938, 939, SS. I, 616, 617, 618; Eck. cas. 23, S. 96; 56, S. 209; 63,
S. 225; Mi. W. 5, SS. IV, 225; Tietm. VI, 59, S. 168/169; Th. B. 7, SS. IV, 761;
vgl. R. Köpke, Widukind von Korvei (Ottonische Studien I) 1867. S. 152—160.

13) Wid. III, 36: *urbani signo nolae congregati*.

14) Erk. LXXXII, P. L. 137, 593: *nemo fimum aut purgationem ante domum
suam ponat, nisi statim educere velit; exceptis locis ad hoc statutis, scilicet iuxta
macellum, ita iuxta sanctum Stephanum, itemque iuxta puteum in foro equorum et apud
locum, qui dicitur Gewirke.* Vgl. dazu K. D. Hüllmann, Städtewesen des Mittelalters
1826. IV, S. 40, 41.

im Falle eines feindlichen Angriffes sichere Zuflucht finden konnte. [15])
Grössere Höfe, die zerstreut im freien Lande lagen, mussten bei der allgemeinen Unsicherheit auf ihre eigene Verteidigung Bedacht nehmen; man
befestigte sie auf jede Weise, und so ward oftmals aus dem Hofe eine
Burg. Andere Burgen wurden vom Grunde auf neu errichtet und zwar
stets an einem schon durch seine natürliche Lage sicheren und schwer
zugänglichen Punkte. [16]) Sie dienten in der Regel vornehmen Geschlechtern
als Wohnsitz oder auch nur zu Verteidigungszwecken, letzteres besonders
in den Grenzgebieten. [17]) Trompetensignale der Burgwächter meldeten die
Ankunft fremder Gäste, in Zeiten der Fehde das Nahen des Feindes. [18])
Von den weiteren Profanbauten des 10. Jahrhunderts wissen wir bei dem
gänzlichen Mangel an diesbezüglichen Nachrichten so gut wie gar nichts.
Man wird sich dieselben, zumal die gewöhnlichen Wohnhäuser, kaum ein-
fach genug denken können; durchschnittlich werden sie sich nirgends über
das Mass des notwendigen Bedürfnisses erhoben haben. [19]) — Einen hohen
Aufschwung nahm die Baukunst um die Wende des Jahrhunderts in
Hildesheim unter dem bekannten Bischof Bernward. „Die alten Be-
sitzungen seiner Vorfahren, die er unbebaut fand, zierte er durch treffliche
Gebäude, schmückte auch einige von diesen nach feinerem Muster durch
Vermischung roter und weisser Steine und mit mannigfachen musivischen
Malereien, sodass ein gar herrliches Werk daraus wurde. Ausserdem beschäftigte er sich mit musivischen Arbeiten zum Schmuck der Fussböden
und verfertigte Dachziegel nach eigener Erfindung ohne irgend eine Anweisung." [20]) — Weitaus die meisten Baulichkeiten wurden ohne festen Unter-
grund aus Holz hergestellt. [21]) Dafür sprechen auch die vielen Brand-
schäden, die damals oft ganze Ortschaften trafen; so Regensburg, von dem
im Jahre 954 in einer einzigen Nacht ein grosser Teil eingeäschert wurde. [22])
Eine gleich verderbliche Feuersbrunst suchte 1017 die Stadt Eilenburg

---

15) Wid. III, 46; C. R. z. J. 923, SS. I, 616. Eck. cas. 45, 159; 55, 206.
16) Eck. cas. 51, S. 196/197.
17) Ein Verzeichnis der unter den Ottonen in Sachsen, Thüringen und an den
Grenzen entstandenen Burgen, bei Otte, Bauk. S. 134—136, Litteratur S. 146. Vgl.
H.-A. Taf. 22. S. 14/15.
18) Eck. cas. 19, S. 73.
19) Als ein Mann, der *in privatis vel publicis aedificiis componendis* viel leistete,
wird Bruno von Köln bezeichnet (Br. 21). Eine königliche Pfalz wurde kurz vor 968
zu Merseburg vollendet.
20) Th. B. 6 u. 8. SS. IV, 760 u. 761. Über Bernwards sonstige künstlerische
Bestrebungen auf dem Gebiete der Malerei, der Skulptur und der Metallarbeiten vgl.
noch Th. B. 1 u. 6, SS. IV, 758 u. 760, ferner A. Schultz, der heilige Bernward,
in R. Dohme, Kunst und Künstler Deutschlands und der Niederlande. I, 1877,
S. 35—48.
21) Vgl. A. Essenwein, Die Entwickelung der mittelalterlichen Baukunst mit
Rücksicht auf den Einfluss der verschiedenen Baumaterialien. (Mitteilungen der k. k.
Centralkommission, III, 1858 S. 39.) Lamprecht W. I, 1 S. 544.
22) Wid. III, 39.

heim, und um dieselbe Zeit ging auch die kaiserliche Hofburg zu Pölde in Flammen auf. [23]) So wenig widerstandsfähig waren die Häuser jener Zeit, dass sogar der Anprall eines heftigen Sturmwindes eins oder das andere umzustürzen vermochte. [24])

Über die kirchlichen Bauten unter den sächsischen Herrschern liegt eine grosse Reihe von Zeugnissen vor; einzelne Reste haben sogar die Jahrhunderte überdauert und sich bis auf unsere Tage erhalten. [25]) Die Anlegung neuer Ortschaften, die Stiftung neuer Bistümer und Klöster machte, wie es sich von selbst versteht, meist auch die Errichtung von Gotteshäusern notwendig; so herrschte unter den Ottonen aller Orten eine äusserst rührige Thätigkeit auf diesem Gebiete. [26]) In der Geschichte der Architektur nimmt jener Zeitraum bekanntlich eine hervorragend wichtige Stellung ein, weil mit ihm die Entwickelung des sogenannten romanischen Stiles beginnt. [27]) Bei der vielfältigen und eingehenden Behandlung, welche diese Dinge von berufenen Fachgelehrten erfahren haben, hat sich die vorliegende Arbeit auf die Erwähnung einiger Einzelheiten zu beschränken. Die Grundsteinlegung pflegte mit gewissen Ceremonien verbunden zu sein. Für den im Jahre 1015 begonnenen Bau der Kirche in Merseburg breitete Tietmar die ersten Steine in Kreuzform auf den Boden. [28]) Als Bauplatz wählte man öfters eine Stätte, die durch irgend ein bedeutendes Ereignis, etwa eine Begebenheit aus dem Leben eines Heiligen von vornherein ihre Weihe erhalten hatte. [29]) Die Mauern wurden nur bei den grösseren Kirchen aus Steinen aufgeführt, die ein fester Mörtel verband; [30]) bei kleinen kam ebenso wie bei den Kapellen und Gebethäuschen nur Holz zur Verwendung. [31]) Es kann daher nicht auffallen, dass auch derartige Gotteshäuser häufig durch Unwetter oder Feuer zerstört wurden. [32]) Von Turm-

23) Tietm. VIII, 75, S. 237/238; vgl. VII, 30, S. 186.

24) Flod. z. J. 927, SS. III, 377: *tempestas maxima pagum Laudunensem concussit et Suessonicum, qua domus eversae arboresque multae fuerunt evulsae;* vgl. A. Qu. z. J. 1011, SS. III, 80.

25) Teile der Münsterkirche zu Essen, der Wiperti-Krypta bei Quedlinburg, sowie der Stiftskirche in Gernrode; vgl. F. Kugler, Geschichte der Baukunst, II, 1858, S. 304—306, 365 ff.

26) Otte Bauk. S. 113—133. Br. 33; über die Bauten in Lobbes unter Abt Nothger (974) vgl. Folc. 29, SS. IV, 70 u. 71.

27) Vgl. Kugler, a. a. O. S. 6, 8, 12, 302.

28) Tietm. VIII, 13, S. 200.

29) Eck. cas. 122, SS. 395/396.

30) V. Ou. 8, SS. IV, 395: *patres nostri de lapidibus et cemento et lignis aediculam construxerunt.* — Ueber die Verwendung von Marmor bei den kirchlichen Bauten in Magdeburg unter Otto I., vgl. Tietm. II, 17, S. 28.

31) Tietm. II, 32, S. 38; VII, 30, S. 186: *ecclesia de rubro ligneo facta.*

32) Wid. II, 38, (Kirche zu Fulda 937) Tietm. II, 35, S. 41, (Halberstädter Kirche 965; Kirche zu Dornburg a. d. Elbe 970); VI, 17, S. 143 (Münster zu Paderborn 1005), VIII, 75, S. 237/238 (Hauptkirche zu Utrecht 1017); über Klosterbrände vgl. C. R. z. J. 937, SS. I, 617; Eck. 68, S. 243, 244; Tietm. VIII, 58, S. 228/229.

bauten ist wenig die Rede. Ein steinerner Turm erhob sich neben der Kirche zu Verden;[33]) ein ähnlicher an der Nordseite der St. Galler Klosterkirche war zum Schutze gegen Feuersgefahr mit einem dreifachen Mantel umgeben.[34])

Kulturhistorisch bemerkenswert ist noch die in diese Zeit fallende erste Erwähnung des Kirchturmhahns in Eckehards Klosterchronik.[35])

Die Dächer der Kirchen bestanden aus Schindeln oder Ziegeln; Decken und Wände im Innern versah man häufig mit Holztäfelung, die, wenn eine kunstfertige Hand zur Stelle war, mit Malereien geschmückt wurde.[36]) Die Fenster waren fast allgemein aus Glas gefertigt;[37]) doch kam es auch vor, dass man sie ungeschlossen liess und nur mit Tüchern verhängte, so noch ums Jahr 1000 in dem bairischen Kloster Tegernsee. Unter Heinrich II. bestand an diesem Orte eine Glasfabrik,[38]) und die frühesten Zeugnisse über die Anwendung der Glasmalerei, einer Kunst, die erst damals in Deutschland heimisch wurde, weisen gleichfalls dorthin.[39])

Die Einweihung eines neu erbauten Gotteshauses gestaltete sich stets zu einem wichtigen Ereignis für Geistlichkeit und Volk; sie pflegte mit um so grösserer Feierlichkeit begangen zu werden, einen je bedeutenderen Namen die Kirche führte. Die Halberstädter wurde 992 in Anwesenheit des Hofes und sämtlicher Grossen des Sachsenlandes geweiht;[40]) ebenso nahmen an der am 6. Mai 1012, dem Geburtstage des Königs, vollzogenen Einsegnung des Gotteshauses zu Bamberg zahlreiche geistliche und weltliche Würdenträger teil.[41])

Unter den Klöstern damaliger Zeit ist es in erster Linie St. Gallen, über dessen bauliche Einrichtungen wir genauer unterrichtet sind, und

---

33) Tietm. VIII. 31, S. 211: *lapidibus, qui in hac terra pauci habentur.*

34) Eck. cas. 67, S. 241: *erat turris ipsa ab Hartmoto quondam ad hoc ipsum ignis discrimen tribus muri obvoluta tegminibus;* S. 242: *haec vero tegulis ligneis super lapideas tecta;* vgl. n. 839.

35) Eck. cas. 53, S. 201: *ascendunt campanarium, cuius cacuminis gallum aureum putantes.* Vgl. n. 693; Otte Handb. 4 A. I, S. 61, 62; W. Wackernagel, Kleinere Schriften, III, 1874, S. 183/184.

36) V. Ou. 13, SS. IV, 403; Eck. cas. 42, 43, 53, 67, 123, 127, S. 150, 155 202, 240, 399, 411.

Vgl. Schl. Gl. (ZfdA. V, S. 366): *trabes-balcun, tegule-lattun, axilia-scindelun, lateres-ciegulun, tignus-sparro, foresturi, postes-turikerdar, superluminare-uberduri.*

37) Eck. cas. 36, 134; vgl. n. 174, S. 51/52.

38) S. Hirsch, Jahrbücher des deutschen Reiches unter Heinrich II. II, 1864, S. 224.

39) W. Wackernagel, die deutsche Glasmalerei, 1855, S. 14, 21, 22.

40) Tietm. IV, 18, S. 75.

41) Tietm. VI, 60, S. 169; A. Qu. z. J. 1012, SS. III, 80/81. Vgl. V. Ou. 7, SS. IV, 395; Tietm. I, 4, S. 4. Th. B. 43, SS. IV, 777; über die bei der Kirchweihe herrschenden Gebräuche P. L. 138, 1015—1040: *Ordo de dedicatione ecclesiae,* u. P. L. 131, 845—866: *Remigii tractatus de dedicatione ecclesiae,* wo die Überschriften der einzelnen Abschnitte folgendermassen lauten: *Quid significent duodecim candelae.*

zwar durch den uns erhaltenen Bauriss des Klosters, der, trotzdem seine Entstehung bereits in das Jahr 820 fällt, doch schon diejenige Gestalt und Anlage der Gebäude zeigt, die sich auch während des 10. Jahrhunderts ohne wesentliche Veränderungen erhalten hat.[42])

Unter den Handwerkern, denen die Herstellung und Einrichtung eines Baues oblag, begegnen uns Maurer und Steinarbeiter,[43]) denen Handlanger zur Seite stehen.[44]) Von ihren Geräten und Werkzeugen findet sich einmal das Senkblei erwähnt.[45]) In dringenden Fällen wurde auch nachts gearbeitet.[46]) Für den Bau des Klosters Schildesche in Westfalen (939) holte man die fabri, murarii und cementarii aus Gallien.[47]) Nächstdem ist am häufigsten von den Schmieden die Rede.[48])

Quare superluminare ter percutitur et pax huic domui dicitur.
Quid significet, quod sacerdos alphabetum in pavimentum scribit. Cur aqua sali cinerique miscetur, et super aquam ex sale et cinere crux figitur.
Quid sit quod sacerdos per quatuor altaris cornua digito crucem facit.
Quid significet aquae effusio in basim altaris.
Quid significet, quod altare linteo extergitur.
Quid signetur in varia unctione altaris.
Quid innuat translatio reliquiarum et conditio earum in altari.

42) Keller, Bauriss des Klosters St. Gallen vom Jahre 820. 1844. Vgl. Otte Bauk. S. 92—103; Otte Handb. 4. A. I, S. 87 ff.; ausserdem Eck. cas. 27, S. 107: Bischofshof-*secretarium*, 36, 135: Warmraum-*pyrale*, 36, 134: Schreibstube-*scriptorium*, 43, 154: Glockenturm-*campanarium*, 50, 190: Schatzkammer-*gazophilatium*, 53, 201: Vorhof-*atrium*, 63, 225: Werkstätten-*officinae*, 67, 243: Abthof-*domicilia curtis abbatis*, 91, 335: Schlafgemach-*dormitorium*, 91, 336: Sprechzimmer-*auditorium*, 102, 365: Vorratsräume-*privata repositoria*, 112, 379: Baderaum-*lavatorium*, Bibliothek-*armarium*, 121, 394: *caminatae;* über die Klosterkirche: 28, 111; 41, 149; 42, 150; 44, 156; 89, 317; über das Kloster Gorze und seine Befestigung durch den Abt Johannes: J. G. 90, SS. IV, 362: *magistris artium diversarum undecumque conductis, primum claustrum muro in modum castri undique circumsepsit.*
43) Folc. 18, SS. IV, 62; Hr. Pr. 263, S. 348.
44) Rich. III, 8, S. 89.
45) Tietm. VI, 47, S. 162: *plumbum, quo murus mensuratus dirigitur,* vgl. Schl. Gl., ZfdA. V, 325: *perpendiculum-murewage;* es werden ferner (S. 362/363) Axt, Beil Säge, Meissel, Bohrer und Hobel als Handwerkszeug der Zimmerleute angeführt; zum Schärfen der Instrumente diente der *sliffistain-petra limatica* (S. 361.)
46) Hr. Pr. 284, 285, S. 349.
47) H. A. Erhard, *Regesta historiae Westfaliae,* 1847. I, S. 125.
48) Mi. Ou. 14, SS. IV, 421; Eck. cas. 41, S. 149; 60, S. 221. Erk., P. L. 137, 595/596:
CV. Preterea fabri debent omnia facere, que necessaria habuerit episcopus in palacio suo, sive in ianuis sive in fenestris, sive in ianuis vasorum, que de materia, ferri fieri conveniat, data eis materia ferri, et ministrata interim vivendi expensa.
CVI. Si castrum aliquod episcopus obsederit, vel ei obsessum fuerit, trecentas sagittas dabunt. Si pluribus eguerit episcopus, de sumptibus suis et expensis sufficienter amministrabunt.
CVII. Clausuras et catenas ad portas civitatis obserandas, datis sibi de republica sumptibus et expensis, facere debent.
Vgl. Ahd. Gl. S. 58: *de ferramentis;* Schl. Gl., ZfdA, V, 364: Hammer, Amboss, Zange, Feile, Blasebalg.

Von den Geistlichen des 10. Jahrhunderts, die sich zugleich als Baukünstler und Bauhandwerker auszeichneten, kennen wir mit Namen den Anstäus von Gorze, der zuvor Dekan im St. Arnulfskloster zu Metz war (um 970);[49] sodann noch den Luitolph, Abt von Korvei (977).[50]

Eine reiche und glänzende Ausstattung zeigten naturgemäß die königlichen Pfalzen, schlossartige Gebäude, häufig durch Zinnen und Türme gekrönt.[51] Sitz des Herrschers war der Thron, besonders bei festlichen Gelegenheiten. Der Sessel, den Otto I. bei seiner Krönung in Aachen einnahm, erhob sich zwischen zwei Marmorsäulen von wunderbarer Schönheit; mehrere Stufen führten zu demselben empor.[52] Vergebens sucht man bei den Schriftstellern ausführliche Einzelheiten über die sonstigen Räumlichkeiten eines Königspalastes.[53] Ebenso wenig erfährt man im allgemeinen über andere Häuser. Wir hören einmal von einem grösseren Vorraum nach Art einer Halle, wo sich die Familie zur gemeinschaftlichen Mahlzeit versammelt.[54] Wohn-[55] und Schlafzimmer[56] werden mehrfach angeführt.

Fussböden und Wände wurden nicht selten mit Teppichen und Vorhängen geschmückt.[57] Zur Heizung hatte man Öfen oder offene Kamine;[58] zur Beleuchtung Öllampen, sowie Talg- oder Wachskerzen.[59] „Leuchter

---

49) J. G. 66, SS. IV, 355: *architecturae non ignobilis ei pericia suberat, ut quicquid semel disposuisset, in omnibus locorum et edificiorum simmetriis vel commensurationibus non facile cuiusquam argui posset iudicio.*

50) Vgl. A. Springer, die Künstlermönche im Mittelalter. (Mitteilungen der k. k. Centralkommission VII, 1862 S. 36). Aus dem 10. Jahrhundert werden ausserdem zwei Giesser und Goldschmiede, sowie (S. 41) elf Maler namhaft gemacht.

51) Flod. z. J. 949. SS. III, 399: *turrim regiae domus.*

52) Wid. II, 1. Auf den Siegeln erscheint der Thronsessel, soweit man dies erkennen kann, sehr einfach und ohne Verzierungen; vor demselben meist ein Fussschemel; vgl. K. Foltz, die Siegel der deutschen Könige und Kaiser aus dem sächsischen Hause, 911—1024 (N. A. III, S. 9 ff, Beschreibung der Siegel S. 27—45;) dazu C. Heffner, die deutschen Kaiser- und Königssiegel; Abbildungen in Lichtdruck mit beschreibendem Texte. 1875. Vgl. noch H.-A. I, Taf. 48.

53) Li. A. II, 31, SS. III, 294: *superius cenaculum* in der Pfalz Heinrichs I. zu Merseburg.

54) *atrium, scena,* V. Ou. 1 u. 2, SS. IV, 386, 388.

55) *conclave,* Eck. cas. 22, S. 89; 90, S. 329.

56) *cubiculum* (Wid. III, 75; V. Ou. 1, SS. IV, 386), *camera lecti* (Ecb. 689, S. 111), *caminata* auf der Burg (Eck. cas. 18, S. 71.); vgl. Tietm. V, 6, S. 110: *in lignea caminata cum paucis dormitum ivit;* auch das heizbare Wohnzimmer der Burg heisst *caminata.*

57) Eck. cas. 18, S. 71: *parat tapetiis caminatam;* vgl. Br. 49; Ecb. 575/576, S. 104: *dorsalia, pallia suspensa, substrata tapecia;* 603, S. 106: *cortina-aurea velamina;* Walth. 291: *aulam velis undique septam.*

58) Eck. cas. 67, S. 240; Weiss, S. 821.

59) Weiss, S. 821; vgl. V. Ou. 6, SS. IV, 395; Mi. W. 8, SS. IV, 225; Eck.

zum täglichen Gebrauche" befanden sich im Haushalte Brunos von Köln; eine Handlaterne hatte der Abt von St. Gallen zur Verfügung.[60]) Das Mobiliar in den Wohn- und Schlafräumen war durchweg einfach gehalten. Man sass auf Bänken oder Stühlen; auch bequeme Lehnsessel fehlten nicht;[61]) sehr häufig wurden über die Sitze Decken und Polster gebreitet.[62]) Fussschemel waren vielfach in Gebrauch.[63]) Die Tische begegnen teils in halbrunder, teils in länglich-viereckiger Form;[64]) ihre Füsse wurden öfters kunstvoll zu Tierklauen oder dergleichen gestaltet.[65]) Otto III. pflegte einer alt-römischen Sitte folgend an einer halbkreisförmigen Tafel auf einem erhöhten Platze allein zu speisen, eine Neuerung, die manche missbilligten.[66]) Die Tischtücher, aus glänzender Leinwand gewebt und meist lang herabhängend, liebte man mit Borten zu verzieren.[67]) Statt der Servietten kamen leinene Handtücher in Anwendung, die beispielsweise in St. Gallen zu beiden Seiten der in das Refektorium führenden Thür hingen.[68]) Die Hände wusch man sich auch vor der Mahlzeit.[69])

Die Betten waren entweder bretterne Laden oder sie bestanden aus Stabwerk; die Stäbe erscheinen schlicht oder aus gedrehtem Holze gefertigt; das Kopfende der Bettstelle höher als das Fussende.[70]) Unter den Füssen wurden nicht selten Rollen angebracht.[71]) Das Bettgerät bildete eine Matratze oder ein weiches Pfühl, ferner ein Kopfkissen, sowie eine starke Ueberdecke.[72]) Schon früh waren reiche Leute darauf bedacht, ihr

---

cas. 36, S. 136; 41, S. 148; Abbild. einer aus rotbrauner Erde gebrannten Lampe bei H.-A. I. Tafel 25 k.

60) Br. 49; Eck. 91, S. 336: *laterna abbatis, cui soli laterna geri solita est.* Abbild. eines Kandelabers bei H.-A. I. Taf. 26.

61) Wid. III, 75; V. Ou. 26, SS. IV, 411; Eck. cas. 40, S. 144; 54, 204: *sellulae;* Tietm. VII, 1, S. 170; 10, S. 175; eine Miniatur des *codex Egberti* (Kraus c. E. Taf. II) zeigt den Erzbischof auf einem goldenen, von Tier-, Kopf- und Tatzenfüssen getragenen Faldistorium sitzend, unter seinen Füssen ein rotes Kissen.

62) Tietm. V, 4, S. 109: *sedilia auleis ornata;* zu dem Sitzkissen (*tapete plumatum* — Vb. S. 16; Br. 49 — *bancale*) gehörte das Rücklaken (*pallium dorsile* — Eck. cas. 18, S. 71; Vb. S. 16.)

63) Eck. cas. 94, 344: *scabellum pedum;* vgl. Ecb. 786, S. 118.

64) Weiss, S. 819; vgl. Wid. II, 2: *mensa mormorea.*

65) Kraus, c. E. Taf. XLII.

66) Tietm. IV, 47, S. 90.

67) Vb. S. 16: *mensas omnes operimentis mandavit glizinis vestiri;* vgl. Br. 49; Kraus c. E. Taf. XLII; Lamprecht Bild. Taf. VIII, S. 109.

68) Br. 49: *mappae;* Eck. cas. 110, 377: *manutergium;* Vb. S. 16.

69) J. G. 63, SS. IV, 355.

70) Vgl. die Bilder aus dem Stuttgarter Psalter bei H.-A. I, Tafel 30, S. 18; ein einfaches Bett bei Kraus c. E., Taf. XI.

71) V. Ou. 3, SS. IV, 390: *lectulus spherulatus;* vgl. Du C. VII, 551: *sphaerulatus, quod sphaeris seu globis instar rotularum promoveatur.*

72) Ecb. 208, S. 83: *capitale;* vgl. Schl. Gl. (ZfdA. V, 363): *culcitra-uedirbeitta, capitale-houbit phuluwi, plumaticum-wanchussi, pulvillus-chussin, lenum-lilachan, coopertorium-dekkilachan, tussa-zussa; lectisternium-bettistro,* vgl. Ahd. Gl S. 59.

nächtliches Lager so bequem und üppig wie möglich herzurichten. Wir hören von Prachtbetten mit seidenen Daunenkissen und Purpurdecken, umgeben von golddurchwirkten Vorhängen.[73]) War die Bettstelle sehr hoch, so befand sich vor oder an der Längsseite derselben in der Regel eine kleine Bank.[74]) Gelegentlich wurden die Betten auch zum Sitzen nach Art unserer Divans benutzt.[75]) Hart und unbehaglich war das Lager der Mönche; die Regel verlangte die grösste Einfachheit. Johannes von Gorze bediente sich auch ausserhalb der Klausur als einziger Unterlage eines geringfügigen Kopfkissens.[76]) Viele freilich beachteten die bestehenden Vorschriften nicht, sondern betteten sich warm und weich; ja es wurde in diesem Punkte von den Klostergeistlichen zu Zeiten ein solcher Aufwand getrieben, dass die Synode zu Reims im Jahre 972 unter anderem auch diese Unsitte öffentlich rügte und ausdrücklich darauf hinwies, es sei jenen untersagt, auf leinenen Betttüchern zu schlafen.[77]) Andere Geistliche wiederum, die in strenger Askese ihren Ruhm suchten, verschmähten durchaus ein bequemes Nachtlager. Bischof Ulrich von Augsburg ruhte stets auf einer Strohmatte, einem Mantel oder Teppiche.[78]) — Auf dem Lande in einfachen bäuerlichen Verhältnissen schlug man sein Nachtquartier bisweilen auch in einem Heuhaufen auf.[79])

Uhren zählten bis ins 13. Jahrhundert zu den seltenen Gegenständen. Erwähnt muss werden, dass Gerbert von Reims, der Lehrer Ottos III. in Magdeburg, eine Sonnenuhr herzustellen versuchte.[80])

Gefässe und Geschirre, die man in Küche und Keller oder sonst im Haushalte brauchte, wurden, falls sie zu geringeren Zwecken bestimmt waren, aus Holz[81]) angefertigt oder aus Thonerde gebrannt[82]). Daneben

---

73) V. Ad. 9, 11, 24, SS. IV, 585, 592: *lectulus totus purpureo splendore et sericis ornamentis amictus, ad caput vero aurei staminis lintheo pulcherrime redimitus;* Eck. cas. 90, S. 329: *cortina lecti*-Bettgardine; vgl. Ecb 597/598, S. 105:
At nos delicias plumarum et linea texta
Sternimus atque cutem fulcro tenuante polimus.
74) Eck. cas. 142, S. 443; *scamnum lecti;* vgl. K. Seifart, das Bett im Mittelalter. (ZfdK. II, 1857, S. 78.)
75) Weiss, S. 818, Fig. 317 c.
76) J. G. 85, SS. IV, 361.
77) Rich. III, 40, S. 99: *De linteis et operibus superfluis.*
78) V. Ou. 4, SS. IV, 390: *in mollitia plumatii non dormivit, sed psiathio et sago aut tapetiis suppositis requievit;* vgl. Br. 30; Eck. cas. 30, S. 117; 58, S. 216.
79) J. G. 51, SS. IV, 351.
80) Tietm. VII, 40, S. 191: *oralogium fecit;* vgl. Rich. III, 43 ff., Weiss, S. 822.
81) Vgl. Erk., P. L. 137, 596:
CXII. *De becheraris. Becherariis omnes becharios, quoscunque necessarios habuerit episcopus vel in curia sua, vel imperatoris, cum eum adierit, vel proficiscens ad curiam imperatoris, de sumptibus et expensis ipsius facient. Magister autem cupariorum dabit materiam lignorum. Praeterea cottidie dabit ligna becherariis episcopi.*
CXIII. *De cupariis. Cuparii, data materia lignorum a magistro suo, et circulis*

bediente man sich zumal für den höheren Bedarf metallener Gefässe der mannigfaltigsten Art und Form[83]). Als Industrieort für die letzteren wird in einer Urkunde Ottos II. vom Jahre 983 *Visé* in der Landschaft *Hasbain* im Lüttichschen Sprengel genannt[84]).

Auf das Trinkgeschirr legte man besonderen Wert; in vornehmen Häusern schmückten goldene und silberne, oft kunstvoll gearbeitete Becher und Schalen, Krüge und Kannen, andererseits auch kostbare gläserne Gefässe die Tafel[85]).

Die vorliegenden Zeugnisse lassen auf einen ziemlich hohen Stand der einheimischen Goldschmiedekunst schliessen, deren Weiterentwickelung durch die aus der Fremde eingeführten musterhaften Arbeiten nur gefördert werden konnte[86]). Einen Goldschmied finden wir beispielsweise in Mainz[87]), ein anderer berühmter, namens Perenger, Dienstmann des Klosters Tegern-

---

ligaminibusque datis a cellerario episcopi, facient omnia quaecunque necessaria habuerit episcopus domi existens, vel imperator vel imperatrix cum presentes fuerint, ad balnea sua, et preterea ad coquinam et ad opus pincernarum. Similiter et cum vadit ad curiam, eadem omnia prebebunt cum sumptibus et expensis episcopi. Preterea omnia vasa vinaria parva et magna episcopi ligabunt, cum sumptibus et expensis eius.

82) Abbild. von irdenen Gefässen, Töpfen, Krügen, Schüsseln bei H.-A. I, Taf. 25, A-J.; dazu S. 15 u. 16; vgl. Kraus c. E. Taf. XIX. — Die *Glossae Vindobonenses* geben folgende Zusammenstellung (Ahd. Gl. S. 57): *putinna-tunna, cuopha-cuba, zupurbipar-tina, einpar-situla, troch-alveus, trugili-alveolus, choph-sciphus, chopha-cuppa, naphnappus, sulzchar-catinum, parapsis, urzel-urceus, lephil-coclear, hantfaz-manile, scuzilascutula, helza-capula, pach weiga-lanx, scala-crater, ritra-cribrum, sip-cribellum, hasipsedatium, chorph-chorbis, buhs-buxus, becharu, pechara-gallida, kepita-capita, flascunflascones, mutti-modius, steinna-lapidea, hefan-olla-cacabus.*
Vgl. Schl. Gl. (ZfdA. V, 362).

83) Eck. 22, S. 89; *vas aeneum mire figuratum ad aquam inferendam;* vgl. 13,53.

84) Dipl. II, S. 365, Nr. 308.

85) Eck. cas. 39, S. 142: Weingefäss mit rundem Deckel. V. M. 12, SS. X, 579: *ampulla, vas quoque vini, ut saepe in monasteriis assolet.* J. G. 75, SS. IV, 358: *imapum;* vgl. Du C. IV, 296: *hanapum legendum arbitror,* IV, 162: *hanapum-vas, patera, crater, ex Saxonico huaep, huaeppa*=Napf. Walth. 308/309:
nappam dedit arte peractam, ordine sculpturae referentem gesta priorum.
Eine ähnliche Schale ist abgebildet bei L. Lindenschmit, Handbuch der deutschen Altertumskunde I, 1880—1889, S. 479, Taf. XXXIV, Fig. 5.
Eck. cas. 22, 88: *cantarus, gemmatus gravissimi ponderis aureus.*
Li. A. VI, 6, SS. III, 358; *coppae argenteae;* Eck. cas. 22, 89: *coppa aurea,* vgl. 54, 205. Die *coppa* oder *cupa* ist ein kelchartiges, halbkugelförmiges Trinkgefäss, der „Kopf“.
Vb. S. 16: *calices argentei;* Mi. W. 12, SS. IV, 226: *calix de erario;* H. W. 26, SS. IV, 454: *calix aureus,* 28, SS. IV. 454: *patena precioso opere decorata.*
Im Nachlasse Brunos von Köln befanden sich *vasa aurea et argentea, cuppae aureae, scutella Graeca, urcei magni;* sodann ein *eques argenteus,* wahrscheinlich ein als Reiterfigur gearbeitetes Weinkännchen. (Br. 49), vgl. Weiss, S. 768;
für gläsernes Trinkgeschirr: Eck. cas. 13, S. 51; 113, S. 381; Ecb. 570, 791. S. 104, 118.

86) An den Hof Ottos I. brachten Gesandte der Römer, Griechen und Sarazenen *vasa aurea et argentea, aerea quoque et mira varietate operis distincta, vitrea vasa, eburnea etiam et omni genere modificata.* (Wid. III, 56.)

see, ward von Otto III. mit Gütern in Thüringen belohnt[88]); und eine
ganze Anzahl von Meistern dieser Kunst liess Bischof Salomon von
Konstanz zur Anfertigung kirchlicher Geräte für den dortigen Dom
zusammen kommen[89]).

Unter dem Speisegerät lernen wir mancherlei Schüsseln kennen,
offene und gedeckte, ferner tellerartige Schalen und kummenähnliche Be-
hältnisse[90]); Löffel und Messer werden ganz vereinzelt einmal erwähnt.[91])

Anhangsweise mag hier eine Zusammenstellung der Quellenbelege
folgen, die für das kirchliche Gerät des 10. Jahrhunderts und damit für
die Geschichte verschiedener Zweige des Kunsthandwerkes in Betracht
kommen[92]).

Altar: Folc. 29, SS. IV, 70 u. 71; Tietm. IV; 66, S. 100[93]);
VIII, 66, S. 233[94]); IX, 14, S. 248[95]); Eck. cas. 40, 41, 45, 53, S. 146,
148, 159, 200;

Altarbaldachin (*ciborium*); Eck. cas. 52, S. 199; 54, S. 204.

Becken und Schüsseln: Br. 49; J. G. 90, SS. IV, 362[96]).

---

87) Wid. I, 22; Tietm. I, 7; vgl. Mi. U. 22, SS. IV, 423 (Silber-
schmiede).

88) Riezler, Geschichte Baierns, 1878. I, 828.

89) Eck. cas. 22, S. 90.

90) *scutella, patera:* Eck. cas. 143, S. 444; Folc. 26, SS. IV, 68; Br. 49; Ecb.
274, S. 87, 546—548, S. 102, 601, S. 105, 1031, S. 131; P. L. 137, S. 594, LXXXV.

91) Eck. cas. 110, S. 376: *cochlearium,* 46, S. 161: *cultrus;* Tietm. IX, 25,
S. 254: *cultellus;* vgl. Lamprecht Bild. Taf. VII, S. 108: Miniatur zum Gleichnis
vom Gastmahl.

92) Vgl. Weiss, S. 763—813; ferner Ahd. Gl. S. 57: *de ornatu ecclesiae:
chephsa-capsa, chelih-calix, rouchfaz-thuribulum, charcistal-candelabrum, wirouchfaz-
acerra, clocca, clica-campanum, panchlachan-stragolum, teppit-tapetium, liohtfaz-luminaria;*
über Kunstwerke der Elfenbeinschnitzerei Eye u. F. I, Taf. 11; H-.A. I, Taf. 23,
S. 19; dazu Eck. cas. 22, S. 91—95; über Arbeiten in Email G. Heider, Emails aus
dem Dome St. Stephan in Wien, nebst einer Übersicht der Entwickelung des Emails im
Mittelalter. (Mitteil. der k. k. Centralkommission III, 1858, S. 283.)

93) *altare magnum et aureum gemmisque optimoque ornatum electro* (im Münster zu
Magdeburg).

94) *aureum altare* (für Merseburg).

95) *altare aureum gemmis honorifice distinctum;* über einen Tragaltar des heiligen
Andreas, eins der reichsten und eigentümlichsten Werke der Goldschmiedekunst des
10. Jahrh. vgl. E. Aus'm Weerth, Kunstdenkmäler des christlichen Mittelalters in den
Rheinlanden, III, 1868, S. 78—81.

96) *vasa usibus sacrorum ex argento, omnia opere solido atque eleganti paravit.*

Beleuchtungsgerät: Hr. Pr. 182. S. 346; J. G. 90, SS. IV, 362[97]); Mi. Gorg. 16, SS. IV, 244[98]); Tietm. VI, 16, S. 143; Eck. cas. 53, S. 201[99]); Erk. P. L. 137, 596, CVIII[100]).

Büchsen: Tietm. IX, 14, S. 248[101]); Eck. cas. 30, S. 118[102]).

Glocken: Vb. S. 15; Folc. 29, SS. IV, 71; J. G. 90, SS. IV, 362; Eck. cas. 67, 242.

Kämme: Vb. S. 16[103]).

Kelche: Vb. S. 15[104]); Th. B. 8, SS. IV, 761 (Kelche aus Gold, Onyx und Krystall); Tietm. VII, 42, S. 192[105]); IX, 14, S. 248[106]); Eck. cas. 8, 30[107]); 8, 31[108]); 50, 190; 86, 308.

Kreuze: Vb. S. 15; Flod. z. J. 941, SS. III, 388; V. Ou. 4, SS. IV, 391; Th. B. 9, SS. IV, 762; Tietm. II, 30, S. 37; VII, 42. S. 192; Eck. cas. 6, S. 26[109]); 22, S. 90[110]); 23, 96; 30, 118; 41, 148; 51, 197; 66, 237; 126, 410.

Lesepulte: Vb. S. 16; J. G. 90; SS. IV, 362; Eck. cas. 6, 26; 14, 58; 22, S. 90/91[111]).

Räuchergefässe: Br. 49; Th. B. 8, SS. IV, 761; Tietm. II, 30, S. 37; IX, 14, S. 248.

Reliquienbehälter: Eck. cas. 9, S. 35; 10, S. 36; V. Ou. 15, SS. IV, 405[112]). Folc. 27, SS. IV, 69[113]); Tietm. VII, 17, S. 178.

Schreine: Eck. cas. 85, S. 303.

---

97) *taceo coronas tam luminoso fulgore a laquearibus dependentes, lampades locis et ordinibus tam diversas, candelabra tantorum ponderum ac specierum.*

98) *pervenit ad stationem abbatis, ubi ex more dependebat coronula argentea cum candela.*

99) *candelabra et coronae deauratae.*

100) *De sutoribus. Inter sutores octo sunt, qui episcopo eunti ad curiam, vel expeditionem imperatoris, dabunt thecas candelabrorum, baccinorum et cyphorum; vgl. CIX. De cyrothecariis.*

101) *buxis aurea lapidibus pretiosis ornata.*

102) *pixis communionis.*

103) Vgl. Du C. VI, 236; H.-A. Taf. 19, S. 13.

104) *calix onichinus auro et gemmis eleganter paratus.*

105) *calicem aureum atque gemmatum cum patina* (Weihbrotschüssel) *et fistula* (Saugröhre für die Laienkommunion.)

106) *argenteus bicarius.*

107) *argenti calix ad missas.*

108) *fit de auro calix.*

109) *insignem crucem, quam argento partim deaurato vestitam, analogio nocturnali superposuit.*

110) Vortragskreuz- *crucem etiam illam honorandam sanctae Mariae, Tuotilone nostro anaglifas parante, ex eodem auro et gemmis mirificavit.* Abb. eines goldenen Vortragekreuzes vom Ende des 10. Jahrh. im Stiftsschatze zu Essen bei Otte Handb. 4. A. I, S. 117, Fig. 44.

111) Vgl. Kraus c. E. Taf. IV.

112) Vgl. H.-A. I. Taf. 31, S. 18: Krystallflaschen in der Schlosskirche zu Quedlinburg; Taf. 34, S. 19: Reliquienbehälter aus Bronze und ciseliert.

113) *capsae reliquiarum praegrandes et aureae.*

Taufbecken: V. Ou. 20, SS. IV, 407[114]).
Teppiche, Decken: J. G. 90, SS. IV, 362; Eck. cas. 16, S. 60.

Zweites Kapitel.
Wirtschaftliches; Speise und Trank.

Die Entwickelung der Landwirtschaft in Deutschland während des
10. Jahrhunderts hat sich im wesentlichen in den Bahnen bewegt, die
ihr reichlich ein Jahrhundert früher durch Karl den Grossen gewiesen
waren. Leider besitzen wir in den litterarischen Denkmälern keine ausführlichen Nachrichten über Ackerbau und Viehzucht, Einrichtung und Betrieb
der Höfe, sowie über die Verwendung und Verarbeitung der Bodenprodukte.
Dagegen gestattet das überlieferte reiche Urkundenmaterial einen genaueren
Einblick in diese wichtigen Verhältnisse deutschen Kulturlebens. Die
Wirtschaftsgeschichte hat demgemäss in erster Linie die sämtlichen Urkunden der Zeit zu berücksichtigen, eine Aufgabe, die indessen ausserhalb
des Rahmens dieser Arbeit liegt[1]). — Hauptträger der Landwirtschaft
waren die Fronhöfe der geistlichen und weltlichen Grundbesitzer, die
eigentlichen Wirtschaftsbeamten die Meier[2]). Ausser den Wohngebäuden
finden wir auf einem solchen Gute Stallungen für das Vieh, sowie Scheuern
oder Speicher zur Aufbewahrung des Heus und Getreides[3]). Ferner begegnen uns Werkstätten für mancherlei Handwerker, und zwar nicht nur
auf den königlichen, sondern auch auf den landesherrlichen und grundherr-
lichen Fronhöfen[4]). Die weitere Umgebung des Gehöfts bildeten die zugehörigen Äcker, Wiesen und Waldungen. An Getreide wurde Spelt,

114) *dolium baptizandi de petra excisum.* Über kirchliche Geräte zu Fulda vgl.
noch Jacob, S. 11.
1) Zu vgl. ist K. Th. v. Inama-Sternegg, Deutsche Wirtschaftsgeschichte des
10. bis 12. Jahrhunderts. 1891.
2) Inama, S. 167 ff.
3) Eck. cas. 136, S. 433: *spicarium;* ferner ein Stall *solis feris et beluis avi-
busque domesticis et domesticatis.* Vgl. Meich. II, 1 *(Dissertatio secunda, Prolegomena*
S. XIV u. XV): *chornhus-granarium, spichari-horreum, stadel-scuria, khellari-cellarium,
phistrin-pistrinum;* Schl. Gl. (ZfdA. V, 357); Ahd. Gl. S. 58: *De culturis terrae:
selilant-terra salica, huopa-mansus, iuh-iurnales, celga-aratura, puringa-coloni, frilazza-
libertini, fluoch-aratrum, eggida-erpica, uuagan-plaustrum, chipphun-humeruli, felgun-radii,
speichun-canti, napa-modioli, iohhelmun-lora, leitra-scala, ioh-ivgum, rad-rota, hof-curta,
houastat-curtalis, seil-funis, keiza-stiua;* vgl. S. 57, *de edificiis.*
4) Vgl. G. L. v. Maurer, Geschichte der Fronhöfe, der Bauernhöfe und der
Hofverfassung in Deutschland, II, 1862, S. 316 u. 317; Inama, S. 253 ff.; 290/291,
301 ff.

Roggen, Weizen, Gerste und Hafer gebaut[5]). Letzterer fand während des ganzen Mittelalters die häufigste Verwendung[6]). Weizen blieb noch vorzugsweise Luxusgetreide. Als besonders reich an Weizen, Gerste und Roggen wird das Gebiet von Mainz geschildert[7]). Von Getreidemassen kommen Fuder, Malter und Scheffel vor[8]).

Das Korn wurde gedroschen, um alsdann, je nach dem Zweck, zu dem es bestimmt war, weiter verarbeitet zu werden. Eine Haferdarre führt Eckehard an; doch klingt seine Behauptung, sie habe für 100 Malter Raum geboten, etwas unglaublich[9]). Eine Hauptrolle spielten naturgemäss die Müller[10]) und Bäcker[11]). Die wichtige Kunst des Brotbackens verstand auch der Abt Johannes in dem lothringischen Kloster Gorze. Neigte sich der Vorrat der Brüder dem Ende zu, so nahm er zwei oder drei Scheffel Mehl, mischte dieselben, während ein Knabe ihm zur Hand ging und das nötige Wasser hinzugoss, säuerte den Teig an und knetete das Ganze zu einer Masse zusammen, aus der er dann die einzelnen Brote formte. Das Weitere überliess er den Klosterbäckern, die am besten mit dem Backofen[12]) (clibanus-ovan) umzugehen wussten[13]).

Wir wenden uns zur Viehzucht[14]). Das Rind lieferte Milch und Fleisch[15]). Hirten trieben die Tiere auf die Weide und überwachten sie daselbst. Die Rinderhirten des Klosters St. Gallen lebten den Sommer über beständig im Walde in eigenen Behausungen[16]). Sie waren besonderen Oberhirten unterstellt, die einmal als struppige Leute mit langen Bärten geschildert werden[17]). Von den Wiesen gewann man auch das Heu. Nachdem es gemäht und genügend getrocknet war, wurde es mit Hacken in Haufen aufgeschichtet. So pflegte man es noch eine Weile stehen zu

---

5) Vgl. Schl. Gl. (ZfdA. V, S. 364). Feldbau galt als *opus servile* (V. Ou. 9, SS. IV, 396); Inama, S. 226; über Flachsbau A. Qu. z. J. 994. SS. III, 72; eine alte Ernteregel in der Fec. 227, S. 52: *Frigidus inplebit frumentis horrea Maius.*
6) Hafer als Pferdefutter bei Rich. IV, 50, S. 153.
7) Jacob, S. 13.
8) Vgl. Inama, S. 496 u. 497, Beil XII.
9) Eck. cas. 13, S. 53: *tarra avenis centum maltrarum commoda.*
10) *molares lapides* (S. G. Ub. II, S. 344, Nr. 740); vgl. Tietm. VI, 15, S. 142; Inama, S. 291—294.
11) C. R. z. J. 951, SS. I, 621: *regis pistores;* Mi. Ou. 10, SS. IV, 420: *similiarius quidam,* nach Du C. VII, 490 *pistor similae;* vgl. Inama, S. 294.
12) Eck. cas. 13, S. 52 u. 53.
13) J. G. 77. SS. IV, 359.
14) Vgl. Ahd. Gl. S. 58, *De animalibus: far-taurus, rint-bos, chalb-fetellus, vitulus, chuova-vacca, sueigari-armentarius, bubulcus, sueiga-vaccaritia, scaf-bidentes, oves, ram-aries, lamp-agnus, chilpura-agna, uuidiri-multones, poch-hircus, puchilli-hircellus, keiz-capra, kizzella-capella, peri-verres, suin-sues, farihir-porculus, porcellus, parch-magalis, su-scrofa, suuili-suculi.*
15) Vgl. Schl. Gl. (ZfdA. V, 358): *De bubus.* Inama, S. 246; Jacob, S. 12.
16) Eck. cas. 77, S. 272: *armentariorum coencbii magalia;* vgl. Du C. V, 166.
17) Eck. cas. 15, S. 58/59: *magistri pastorum, duo homines utique silvestres, hirsuti et prolixis barbis, ut id genus multum videri solet.*

lassen, um es schliesslich auf Wagen in die Heuscheuer (*foenarium*) zu
befördern. Zum Auf- und Abladen bediente man sich unter anderem
zweizinkiger hölzerner Heugabeln[18]). Das Rind wurde allgemein auch als
Zugtier benutzt[19]). Der Bauer spannte Ochsen vor seinen Pflug[20]) und
spornte die trägen mit dem Treibstachel[21]). Eine ganze Anzahl paarweis
geschirrter Ochsen schleppte einst ein grosses Fass voll Wein, das aus dem
Keller Bischofs Ulrich von Augsburg stammte, nach St. Gallen[22]). Wie
den Lastwagen, so mussten die Tiere gar häufig auch den Reisewagen
ziehen[22]). Krankheiten und ansteckende Seuchen suchten die Viehherden
öfters heim und verminderten ihren Bestand stets um ein Beträchtliches[23]).

Das wichtigste Tier der deutschen Viehzucht, mindestens während
des ersten Jahrtausends unserer Geschichte, war das Schwein[24]). Es be-
völkerte auch noch im zehnten Jahrhundert die deutschen Eichenwälder
unter der Obhut der Hirten[25]). In Strassburg durfte unter Bischof
Erkembald kein Bewohner der Stadt Schweine halten, wenn er sie nicht
den Hirten zur Bewachung anvertrauen wollte[26]). Das Tier führte verschiedene Namen; als *friscinga, friscincus* bezeichnete man ein jüngeres
Schwein, das indessen das Stadium des Ferkels schon überschritten hatte[27]).

In grossem Masse wurde auch die Schäferei betrieben[28]); von Ziegen
ist weniger die Rede[29]).

Zu hoher Bedeutung war im Laufe der Zeit das Pferd gelangt, besonders seitdem es im Kriegsdienste in weitestem Umfange verwendet
wurde[30]). Eine ausgedehnte Pferdezucht blühte von jeher im Mosel-

---

18) Mi. Ou. 27, SS. IV, 424; an sonstigen Geräten brauchte der Landmann
Spaten, Schaufel, Sichel, Forke und Mistgabel (Schl. Gl. ZfdA. V, 363).

19) Fec. 317, 475, S. 70, 98.

20) P. L. 137, 594: *boves ad aratra episcopi.*

21) Mi. Max. 15, SS. IV, 233; Tietm. VIII, 15, S. 202.

22) V. Ou. 5, SS. IV, 393.

23) Vgl. Annales Sangallenses maiores z. J. 941, SS. I, 78; C. R. z. J. 942,
SS. I, 619; Ann. Einsidl. z. J. 942, SS. III, 142; Flod. z. J. 942, SS. III, 389;
Ann. Hildesh. z. J. 990, SS. III, 68; A. Qu. z. J. 994, SS. III, 72.

24) Vgl. Lamprecht W. I, 1, S. 520; Inama, S. 246; Schl. Gl. (ZfdA. V, 358/359)
De porcis.

25) Eck. cas. 18, S. 70: *porcarii;* Mrh. Ub. I, S. 300, No. 244, v. J. 973:
porci in silva pascentes; vgl. Wid. II, 23; Hr. Pr., 194—198, S. 346; Eck. cas. 19, 73
(*silvae pascuosae*).

26) Erk. LXXXVI, P. L. 137, 594.

27) S. G. Ub. II, S. 377, No. 777: *frisgingam I uncia valentem;* vgl. III, 7, 785;
Du C. III, 611.

28) Inama, S. 247.

29) Vgl. Schl. Gl. (ZfdA. V, 358): *De ovibus.*

30) Vgl. Inama, S. 244/245; Schl. Gl. (ZfdA. V, 358): *De equis: caballus-ros,
glunes-goffa, emissarius-reino, equa-meraha, poledrus-uolo, pultrina-uulicha, epircarius-
egidari, equaricia-stuot, asinus-esil, mulus-mul, spado-hengist, strigilis-scerra, sellarius-
satalros, saumarius-soomari, ambulator-celtari;* Ahd. Gl. S. 58. Einen Pferdehirten,
servator equorum, nennt die Ecb. 76, S. 76.

lande[31]). Der Besitz eines guten Pferdes galt ebensoviel wie der eines seltenen Buches[32]). — Slavische Stallknechte besorgten gelegentlich die Pferde Ottos des Grossen. Wenn sie die Füllen der Mutterstute ohne Zügel nachlaufen liessen, so banden sie ihnen zuvor Puppen auf den Rücken, damit die übermütigen Tiere nicht in gänzlicher Freiheit umhertrabten. Mit einer solchen Puppe vergleicht Liudprand spöttisch den griechischen Kaiser Nikephoros, der, ein Mann von winziger Gestalt, hoch zu Ross einherstolzierte[33]). Der Hufbeschlag, der sich bei den deutschen Stämmen zur merovingischen Zeit noch nicht nachweisen lässt, war allgemein Sitte[34]). Auch der Dichter des Walthariliedes kennt denselben[35]). Bei Reisepferden scheint man ganz besonders darauf bedacht gewesen zu sein, den Huf durch ein untergelegtes, mit Nägeln befestigtes Eisen zu schützen[36]). Ob man im Winter bei Glatteis bestimmte Massregeln für die Sicherung des Pferdes traf, wissen wir nicht[37]). — Das Zaumzeug war je nach der Persönlichkeit des Besitzers verschieden[38]). Die Reichen trieben auch darin Luxus. Gold- und silberglänzende Zügel wurden dem Rosse angelegt[39]), und das Riemenwerk[40]) mit kostbaren Schmuckbeschlägen versehen. Im Walthariliede hängt Walther seinem Hengste, der den Namen „Leo" führt, solche Zierscheiben um; derjenige König Gunthers trägt ähnlichen Schmuck[41]). Bei der Schilderung des üppigen Lebens der italienischen Bischöfe gedenkt Rather von Verona auch ihrer Rosse: da sieht man goldene Zügel, silberne Kettengehänge, germanische Zäume und sächsische Sättel[42]). Die letztgenannten müssen darnach von ausgezeichneter Beschaffenheit und weit verbreitet

---

31) Lamprecht W. I, 1, S. 532; vgl. Wid. III, 44; Br. 41; Waitz Vfg. VIII, S. 378; IV, 2. A. S. 109.

32) V. Ou. 11, SS. IV, 400.

33) Li. Leg. 23, SS. III, 352.

34) Vgl. J. G. 100 u. 101, SS. IV, 366: *equus claudicat-ferro perdito dolet; equo ferro imposito.*

35) Walth. 203.

36) Mi. Ou. 29, SS. IV, 424: *cavallum duobus ministris suis commendavit, ut pedes eius, sicuti mos est pergentibus, ferro munirent. Pedes cavalli cum clavibus vulneraverunt;* vgl. Erk. P. L. 137, 595/596: *CIII De fabris. Fabrorum ius est, quando episcopus ierit in expeditionem imperatoris, quod quilibet faber dabit equorum ferramenta quatuor cum clavis suis, de quibus dabit episcopo burcgravius ad viginti quatuor equos, reliqua sibi retinebit.*

37) Vgl. Eck. cas. 82, S. 294: *equo in glacie lapso.*

38) Vgl. Schl. Gl. (ZfdA. V, 366): *calcaria-sporin, falera-giraite, salinare-gibiz, habene-zuhile.*

39) V. Ad. 8, SS. IV, 584.

40) Vgl. Ahd. Gl. S. 58: *satalkiscirri-fallere;* Fec. 358, 516, S. 78 u. 105.

41) Walth. 329, 1063. Abbild. bei Lindenschmit a. a. O. S. 290 ff., Fig. 228 bis 236; vgl. Lamprecht Bild. Taf. VIII, S. 109.

42) Rath. (Praeloquiorum liber V.) S. 146.

gewesen sein. Nicht selten zierte kunstvolles Schnitzwerk den Sattel[43]).
Denselben mit Purpur zu überziehen, war römische Sitte. Einen solchen
trug das Ross, auf dem im Jahre 1001 der Cardinalpresbyter Frithericus
als Abgesandter des Papstes seinen Einzug in Hildesheim hielt[44]). Be-
scheidener nahmen sich die Pferde der gewöhnlichen Bauern aus; ein ein-
facher Hanfstrick mag da oft genug das ganze Zaumzeug gebildet haben[45]).
Zum Antreiben dienten Stachelsporen[46]) oder die Peitsche[47]).

Die Reitkunst wurde im Mittelalter gern und viel gepflegt. Reiterspiele
standen unter den Ottonen in hohem Ansehen. Sowohl Heinrich I. als
auch Otto der Grosse trieben dieselben mit grossem Geschick[48]). Liudprand
berichtet einmal, wie sich die Deutschen, speziell die Baiern den Italienern
gegenüber einst ihrer Sicherheit im Reiten gerühmt hätten[49]). Selbst
geistliche Herren liebten den Pferdesport; Abt Burchard von St. Gallen
z. B. ergötzte sich ausserordentlich an köstlichen Rossen und wusste den
prächtigen Zelter, den ihm die Herzogin Hadwig von Schwaben zum Ge-
schenk machte, sehr wohl zu schätzen[50]).

Die Waldungen wurden, wie wir sahen, einmal als Weideplätze benutzt;
andererseits gewährten sie Brenn- und Baumaterial[51]). Die Erlaubnis zur
Rodung gegen Entrichtung bestimmter Abgaben wurde schon früh erteilt[52]).
Zur Beschränkung des Brennholzverbrauches bestimmte man, mit wieviel
Wagen oder Lasttieren täglich Holz geholt werden dürfe[53]). Das Recht,
die dürren Zweige zu sammeln, wurde ärmeren Leuten oder den Mönchen
eines Klosters übertragen[54]). Ausser Holz[55]) wurde besonders in den
waldarmen Gegenden des nördlichen Deutschlands, beispielsweise im Gebiete von Utrecht, um die Wende des 10. und 11. Jahrhunderts allgemein
Torf gebrannt. Über die Bereitung desselben sind wir durch die Mittei-

---

43) Walth. 474: *sella sculpta*.
44) Th. B. 28, SS. IV, 777; vgl. noch Erk. (P. L. 137, 596) CX. *De sellariis.*
Sellarii episcopo eunti ad curiam duas sellas soumarias dabunt, ad expeditionem imperii quatuor.
45) V. Ad. 8, SS. IV, 584; *equus — in rusticum morem torta canape ora*
strictus.
46) Walth. 514. (Die Stelle ist vielleicht der Psychomachie des Prudentius entlehnt, daher weniger beachtenswert); J. G. 107, SS. IV, 368; Mi. Gorg. 21, SS. IV, 245.
47) Eck. cas. 40, S. 145.
48) Wid. I, 39: *in exercitiis quoque ludi tanta eminentia superabat omnes, ut*
terrorem caeteris ostentaret; II, 36: *equitatus gratiam regia gravitate interdum exercens.*
Ein Reiterspiel in grossem Massstabe aus dem 9. Jahrh. beschreibt Nithard, III, 6,
SS. II, 667; vgl. Monachus Sangallensis I, 24, SS. II, 742; Rich. II, 4, S. 41.
49) Li. A. I, 21, SS. III, 281.
50) Eck. cas. 97, S. 352.
51) S. G. Ub. II, 346, No. 742, v. J. 905: *in silva usus ad focos et ad sepes*
et ad edificia.
52) Mrh. Ub. I. 252. v. J. 979.
53) Mrh. Ub. I, 85, No. 136, 1003.
54) S. G. Ub. II, 343, 740, 905. Frf. Ub. S. 8/9, Urk. Ottos II. v. J. 977.
55) Vgl. noch Eck. cas. 88, S. 315: Ecb. 574, S. 104.

lungen eines gleichzeitigen Berichterstatters genauer unterrichtet. Die in mancher Hinsicht interessante Belegstelle mag hier vollständig eingeschaltet werden[56]): „Utrecht ist eine grosse Stadt im Lande der Franken mit weitem Territorium; ihr Land ist Salzmoor, auf dem keine Saaten und Pflanzungen gedeihen. In ihrem Lande giebt es kein Holz zum Heizen, sondern nur einen Lehm, welcher die Stelle des Holzes vertritt. Und zwar gehen sie im Sommer, wann die Wasser sich verlaufen haben, auf ihre Wiesen und schneiden dort den Lehm mit Beilen in Ziegelform. Ein jeder schneidet sich von ihm, soviel er braucht, und breitet ihn an der Sonne zum Trocknen aus. Infolge davon wird er sehr leicht. Bringt man ihn ans Feuer, so entzündet er sich, und das Feuer erfasst ihn, wie es das Holz erfasst, und er macht ein grosses Feuer mit mächtiger Glut, wie das Feuer eines Glaserofens. Ist ein Stück verbrannt, so hinterlässt es keine Kohle, sondern Asche." Es erhellt aus dem Vorstehenden, dass man schon damals bei der Torfgewinnung ein Verfahren in Anwendung brachte, das im grossen und ganzen bis auf den heutigen Tag in jenen Gegenden fortbesteht.

Für den Nahrungsmittelerwerb war die Fischerei von hoher Bedeutung. Gleichwohl hat der Betrieb des Gewerbes keine hervorragenden Fortschritte gemacht; er erhielt sich wesentlich in den allerdings bereits sehr entwickelten Formen der römischen Zeit. Angel und Netz bildeten die hauptsächlichsten Gerätschaften des Fischers. Der Dichter des Walthariliedes lässt den Helden auf der Flucht an den Krümmungen der Flüsse die Angel in die Flut senken; an einer Rute aus Haselholz ist der gewundene eiserne Haken, an diesem der Köder befestigt[57]). Die Netze waren verschiedener Art, entweder dafür berechnet, in tieferen Gewässern vom Bote aus benutzt zu werden, oder aber Schleppnetze, die man in seichtem Wasser auf dem Boden entlang zog[58]). Eine dritte Fangmethode bestand darin, dass man in den Flüssen Wehre anlegte, die den Zweck hatten, das Wasser zu stauen und den Fluss abzulenken; eine oder mehrere Stellen blieben frei; vor diesen wurden Sacknetze oder Reusen angebracht, in welche die durchschwimmenden Fische von dem rasch fliessenden Wasser hineingetrieben wurden[59]). Alle drei Arten des Fisch-

---

56) Jacob, S. 12.
57) Walth. 271; 342; 423; 424; vgl. Fec., 1234, S. 178.
58) Vgl. Lamprecht Bild. Taf. VIII, S. 109; Kraus, c. E. Taf. LV; über Netzweberei J. G. 80, SS. IV, 359.
59) Nrh. Ub. I, 75, 123, 989: *piscatio Rheni in tractibus;* der gewöhnliche Name ist *venna:* Mrh. Ub. I, 257, 953: Die Abtei S. Maximin zu Trier beklagt sich über Beeinträchtigung durch die Erzbischöflichen *in piscatione et venna quadam in Ruwera fluvio constructa;* vgl. J. G. 89, SS. IV, 362: *cum molendinis fluminibus causa piscium obcludendis.*

fangs erwähnt eine Urkunde Ottos III. vom Jahre 994[60]). In derselben schenkt er den Chorbrüdern des heiligen Salvator zu Frankfurt die königliche Fischereigerechtigkeit im Main und zwar dergestalt, dass alle Fische, die am Freitage, während der Nacht- und Tageszeit, *sive retibus sive hamo seu neste, quod vulgariter riusam vocant,* gefangen werden, ausschliesslich jenen gehören sollen[61]). Künstliche Fischteiche wurden gern in der Nähe eines Klosters angelegt[62]). Anhaltende Dürre wirkte für dieselben sehr nachteilig[63]).

Die Fischer der Stadt Strassburg hatten als Leute, die auch mit Kähnen sicher umzugehen wussten, zusammen mit den dortigen Müllern gegen Ende des 10. Jahrhunderts die Verpflichtung, dem Bischof für seine Wasserfahrten die erforderlichen Ruderer zu stellen[64]).

Höchst stattlich ist die Anzahl der einzelnen Fischarten, die gefangen und verspeist wurden[65]). Wir finden den Hausen (*huso*), Salm und Lachs, die Trüsche (*trisca*), auch Quappe und Aalraupe genannt, Illanken[66]), Hechte, Lampreten[67]), verschiedene Forellenarten, Neunauge, Barsch und Rottel (*rubricus*); ausserdem den Waller oder Wels, Gründel[68]), Heuerlinge und Stör[69]). Zu den Fischen rechnet Eckehard merkwürdigerweise noch den Biber[70]). Die Fische wurden gekocht oder gebräten, nicht selten mit Pfeffer zubereitet gegessen[71]). Auf der Tafel der St. Galler Mönche zählten sie indessen trotz der Nähe des Bodensees nicht zu den häufigen Gerichten; der See zeichnete sich überhaupt nicht durch besonderen Fischreichtum aus; auch besass das Kloster nicht das ganze Gebiet desselben[72]).

---

60) Frf. Ub. S. 12.

61) Die Nacht eignet sich am besten zum Fischfang; vgl. Erk. P. L. 137, 597/598; CXVI. *De piscatoribus.*

62) J. G. 89, SS. IV, 362; vgl. Wid. II, 17.

63) A. Qu. z. J. 994. SS. III. 72.

64) Erk. P. L. 137, 597: CXV. *De molendinariis.* Sitte italienischer Fischer war es, stets Feuer mit sich zu führen. Ep. A. 3, SS IV, 639: *sicut solent illi, qui piscationis exercent negotium.*

65) Vgl. Eck. ben. 39—73; S. 107—109.

66) Der *Salmo lacustris,* der vom Bodensee in den Ill hinaufsteigt und dort in Menge gefangen wird.

67) *lampreda,* selten und sehr geschätzt, in den alamannischen Flüssen nicht vorkommend.

68) *crundula,* Alet in Oberitalien, *cavedo* u. *capitone,* identisch mit dem in den norddeutschen Flüssen sehr häufigen Kutt.

69) *sturio,* eigentlich ein Seefisch, der aber in die Flüsse hinaufkommt; vgl. Ep. A. 3, SS. IV. 639. Die Ecb. 165 ff. S. 81 nennt an Fischen: Stör, Barbe, Neunauge, Gründling, Brasse, Quappe, Nase, Forelle, Alant, Hausen, Zärte, Salm (*nutritus flumine Hreno*), Hering und Aal; dazu Dintenfisch und Walfisch.

70) Biberfleisch war zur Fastenzeit erlaubt.

71) Eck. ben., 65, 66: *piscis piperatus.*

72) Eck. cas. 105, S. 370: *neque totus noster est, neque piscium largus;* vgl. SS. II. 129. n. 7.

Wenn man aber in jenen südlichen Gegenden schon damals den Hering[73]) und Stockfisch[74]) kannte, so weist dies auf einen regeren Verkehr mit dem Norden Deutschlands hin. Eine ausgedehnte Fischerei lieferte hier z. B. den Bewohnern Schleswigs ihr Hauptnahrungsmittel[75]).

Zu den Fleischspeisen kommen Gemüse und Früchte, mit denen Feld und Garten die Küche versorgten. Die Gartenwirtschaft[76]) stand seit den Tagen Karls des Grossen, der auch diesen Zweig des Landbaues kräftig gefördert hatte, allerorten in Blüte.

Neue Obst- und Gemüsesorten waren eingeführt worden und gediehen gut auf deutschem Boden. In den Baumgärten[77]) wurden Äpfel[78]), Birnen, Kirschen, Pflaumen, Quitten, edle Kastanien, Oliven, Pfirsiche und verschiedene Arten von Nüssen gezogen[79]). Auch den Winter hindurch pflegte man manches Obst aufzubewahren; Äpfel um die Weihnachtszeit waren wie heute eine Freude der Kinder[80]).

Der Gemüsegarten[81]) bot gleichfalls einen bunten Anblick dar; dort wuchsen Erbsen, Bohnen und Linsen, allerlei nützliche Kräuter, zahlreiche Kohlpflanzen, Lauch, Knoblauch, Lattich und Salat[82]), Wurzelgewächse, Pilze, Melonen und Kürbisse[83]).

Wir treten in die Küche; in grösseren Hofhaltungen schaltet hier der Küchenmeister mit seinen Untergebenen, in den Klöstern besondere Köche oder einer der Brüder, im Hause des gewöhnlichen Mannes die Hausfrau. — Im Kloster Gorze hat gerade der nachmalige Abt Johannes den Küchendienst: eben kommt er mit den verschiedenen Hülsenfrüchten und Gemüsen aus dem Garten; er hat sie dort eigenhändig gepflückt und geschnitten. Jetzt lenkt er den Schritt zum Brunnen, füllt den Schöpfeimer[84]) und trägt ihn auf den Schultern zum Herde zurück. Kraut und Kohl,

---

73) *almarinus*, Glosse *harinch;* vgl. Inama S. 341, n. 2.
74) *marina balena*, womit auch der Thunfisch gemeint sein kann.
75) Jacob. S. 13.
76) Vgl. V. Ou. 14, SS. IV, 403: *hortulanus.*
77) Vgl. S. G. Ub. III, 27, 811, 968/969: *curtile pomiferis arboribus insitum.*
78) Eck. cas. 50, S. 188; neben edlen Apfelsorten gab es auch minder gute, wild wachsende von herbem Geschmack, die „Mund und Augen" zusammenzogen, oftmals die Speise der Armen. (Eck. cas. 82, S. 298.)
79) Eck. ben. 177—201, S. 113; vgl. für Mainz: Jacob, S. 13; Strassburg: Erk. P. L. 137, 590; auch Ecb. 1024 ff., S. 130.
80) Eck. cas. 14, S. 56.
81) Über den Anbau von Gemüsen und Hülsenfrüchten vgl. Inama, S. 230 ff.
82) Salat wurde mit Essig angemacht. Eck. ben. 219, S. 114.
83) Eck. ben. 166—170; 204—219, S. 112 u. 114; vgl. Erk. P. L. 137, 594, LXXXV; Ecb., 176—179, S. 81—82; Schl. Gl. (ZfdA. V, 365); infolge des Genusses giftiger Pilze starben im Bistum Merseburg 1018 sieben Personen (Tietm. IX, 29, S. 256); vgl. P. Ad. 2, SS. XV, 706.
84) Vgl. Lamprecht Bild. Taf. 4. S. 100; Kraus. c. E. Taf. XXXVI.

Erbsen und Bohnen werden abgewaschen, alsdann gekocht und für die Mönchstafel zubereitet[85]).

Am unentbehrlichsten in der Küche war das Wasser, sowohl zur Herstellung der Speisen als zum Reinigen der Gefässe. Meist holte man es aus nahen Quellen oder Brunnen[86]). In St. Gallen aber finden wir bereits eine Wasserleitung vermittelst hölzerner Röhren, die nach Anweisung des Abtes Kerho von Weissenburg (960—964, od. 989—1007) angelegt wurde[87]). Eine noch kunstvollere Röhrenanlage schuf Abt Nothger (974) für das Kloster Lobbes bei dem Neubau des Refektoriums. Dieselbe versorgte mehrere Räume jeder Zeit in bequemster Weise und völlig ausreichend mit Wasser[88]).

Zu den wichtigsten Lebensbedürfnissen gehörte das Salz[89]), und seitdem die Germanen die Gewinnung und Bereitung desselben von den Kelten gelernt haben, lässt sich das Salzgeschäft in Deutschland an manchen Orten nachweisen, sehr früh z. B. in Lüneburg. Den Zoll von den Salinen dieser Stadt schenkte Otto I. 956 dem dortigen St. Michaeliskloster[90]). Tietmar spricht von einem „salzigen Kolberg"[91]). Mit Bezug auf Soest meldet ein anderer Schriftsteller: „Dort giebt es eine salzige Quelle, während es sonst durchaus kein Salz in dieser Gegend giebt. Wenn die Leute Salz brauchen, nehmen sie von dem Wasser dieser Quelle, füllen damit die Töpfe, stellen sie in einen Ofen aus Steinen und machen darunter ein grosses Feuer an, so wird es dick und trübe. Dann lässt man es, bis es kalt wird, und es wird festes, weisses Salz"[92]). In Süddeutschland wurde unter den sächsischen Kaisern in der Gegend von Metz Salz gewonnen. Von dem dortigen Bischof Thieterich (962—984) erhielt das Kloster St. Gallen alljährlich zehn Sendungen[93]). Auch bei Gorze in Lothringen finden sich Salinen, für deren rationelle Ausbeutung der thätige Abt Johannes sorgte[94]). Die Sole von Fischingen bei Sulz im Sigmaringischen wurde

---

85) J. G. 77. SS. IV, 358.

86) Eck. cas. 56, S. 209: *puteum, ubi scirpus ante crescere solebat, altissime fodientes, certi aquae purissimum inveniunt;* — über einen Metallbrunnen, den der Mönch Gosbert im 10. Jahrh. im Kloster St. Maximin zu Trier anfertigte, vgl. E. Aus'm Weerth, a. a. O. S. 76.

87) Eck. cas. 102, S. 365; vgl. S. G. Ub. II, 281, 680, 890.

88) Folc. 29. SS. IV, 70.

89) Als die drei notwendigsten Dinge für einen klösterlichen Haushalt werden einmal *frumentum, vinum, sal* genannt (J. G. 88, SS. IV, 362).

90) Dipl. I, 266, 183.

91) Tietm. VIII, 72, S. 236; wohl derselbe Ort, den die Annales Magdeburgenses zum Jahre 996 (SS. XVI, 159) als *Salzcolberch* anführen. Die Lage desselben bleibt unbestimmt. — Brunnensalzwerke an der Elbe bei Magdeburg nennt eine Urkunde Ottos I. vom Jahre 961 (Dipl. I. S. 318, No. 232.)

92) Jacob, S. 17.

93) Eck. cas. 113, S. 382; vgl. Waitz Vfg. IV, 2. A. S. 64, n 2.

94) J. G. 89, SS. IV, 362 (*patellae-* Salzpfannen.)

bereits im Jahre 1005 benutzt[95]). Die Reichenhaller Salzquellen gingen
973 durch eine Schenkung Ottos des Grossen in den Besitz der Judith,
der Witwe seines Bruders Heinrich, über[96]).

Neben dem Salze, das jedermann brauchte, gleichviel ob arm oder
reich, waren die fremden Gewürze, die seit der Karolingerzeit in Deutschland eingeführt wurden, hauptsächlich für die Tafel der Vornehmen da.
Man schätzte dieselben in hohem Masse, vor allem den Pfeffer[97]). Der
Senf wird nur einmal erwähnt, öfters dagegen Spezereien im allgemeinen[98]).
Gewürze aller Art bringen auswärtige Gesandte unter den Geschenken
ihrer Herrscher an den Hof Ottos I., ein Zeichen, dass dergleichen dort
als eine Seltenheit galt[99]). In Mainz konnte man indischen Pfeffer, Ingwer
und Gewürznelken kaufen[100]).

Unter den eigentlichen Speisen steht das Brot obenan. In den verschiedensten Sorten und Qualitäten, gröberen und feineren, wurde es ge-
backen und von allen genossen, in Kloster[101]), Hütte und Palast[102]). Man
betrachtete es, eben weil es so gewöhnlich war, geradezu als ein gering-
fügiges Nahrungsmittel. Den hungernden Armen wurde Brot dargereicht[103]).
Wer aufs strengste fastete und alles andere verschmähte, des Brotes enthielt er sich nicht[104]). Der Einsiedler in seiner Zelle lebte davon. Bruder
Landpertus im Argonnerwalde zehrte an einem einzigen Brote, für das
er freilich einen ganzen Scheffel Mehl verwandt hatte, einen oder gar zwei
Monate. Schliesslich wurde es so hart und trocken, dass er nur noch mit
dem Beile Stücke davon abzuschlagen vermochte[105]). Wasser und Brot
war die Speise der Gefangenen[106]). Eine ziemlich vollständige Übersicht über die
Erzeugnisse der Bäckerei um das Jahr 1000 gewähren die Tischsegnungen
Eckehards[107]). Sie führen an: mondförmiges Brot aus Weizenmehl, besonders zur Fastenzeit gegessen (*panis lunatus*),[108]) gesottenes Brot, d. h.

---

95) Neugart, Codex Diplomaticus Alemanniae et Burgundiae Trans-Juranae II,
1795, S. 21.
96) Dipl. I, 584, 431, 973: *salinam quod vulgo Hal vocant in pago Salzburgeuue*;
vgl. im allgemeinen Inama, S. 339, 340, 343—345; Schl. Gl. (ZfdA. V, 364): *salinator-
salzman.*
97) Vgl. Eck. ben. 141, S. 111; cas. 16, S. 64/65; Ecb. 645, S. 108; 1185,
S. 139; Fec. 293, S. 66; 569, S. 112.
98) Eck. ben. S. 112, 156 u. 159; 247, S. 115.
99) Wid. III, 56.
100) Jacob, S. 14.
101) Eck. cas. 14, S. 57. 80, S. 280.
102) V. Ou. 4. SS. IV, 392.
103) V. M. 12, SS. X, 579, V. Ou. 3. SS. IV, 390.
104) J. G. 92, SS. IV. 363; V. Ou. 25, SS. IV, 410.
105) J. G. 22, SS. IV, 343.
106) Eck. cas. 134, S. 428.
107) Eck. ben. 8—28, S. 106, 107; vgl. S. 117.
108) Vgl. Kraus c. E. Taf. LIII.

Semmel in Ringform (*panis elixus — cesotin brot*), geröstete und mit Salz bestreute Schnitten (*panis frixus cum sale*), ferner Eierwecken (*panis per ova levatus*), mit Hefe oder Sauerteig getriebenes, sowie ungesäuertes Brot (*panis de fece levatus, fermentatus, azymus*), Oblatenbrot (*oblata*)[109]), Brot aus Spelt-, Weizen-[110]), Roggen-[111]) Gersten- und Hafermehl, endlich unter glühender Asche gebackenes Brot (*panis subcineritius*), dazu noch allerlei Kuchen und Torten (*torta panis*)[112]). — Man erkennt, die Bäcker waren schon damals erfinderisch und verstanden ihre Kunst.

Von den Fischen haben wir bereits gehandelt. Zu den beliebten Speisen zählte auch das Geflügel[113]), das, wie man glaubte, seiner Natur nach mit jenen verwandt sei[114]). Pfauen, Fasanen, Schwäne, Gänse[115]), Enten, Hühner[116]), Kapaunen[117]) und Tauben[118]) wurden gehalten[119]). Von der Jagd brachte man den Kranich oder kleinere Vögel wie die Wachtel[120]) heim.

Weiterhin war das Fleisch vom Schlachtvieh von hoher Bedeutung[121]). Ochsen, Kälber, Hammel, Schafe, Lämmer und Ziegen mussten manchen Braten liefern[122]). Schweinefleisch ass man gleichwie die übrigen Fleischsorten entweder am Spiesse[123]) gebraten oder im Topfe gesotten[124]);

---

109) Offleten in der deutschen Schweiz; vgl. Du C. VI, 6/7; *panis ad sacrificium oblatus, hostia nondum consecrata. Nomen inde datum pani tenuissimo ex farina et aqua confecto ad ignem ferreis praelis tosto.*

110) Vgl. Fec. 87, S. 22: *cuneus:* ein keilförmiges Weizenbrötchen.

111) Fec. 1408 S. 186; die Schl. Gl. (ZfdA. V, 362) nennen *wizbrot, renibrot, rugginbrôd, girstinbrôd, haberinbrôd.*

112) Butter, Talg — *cuosmero-unslit* (Schl. Gl. ZfdA. V, 364).

113) Eck. ben. 74—95, S. 109; cas. 7, S. 27.

114) Eck. cas. 105, S. 370; vgl. ben. 74, 109; vielleicht gründete sich dieser Glaube darauf, dass Fische und Vögel nach Genesis 1, 20 u. 21 am gleichen fünften Schöpfungstage geschaffen wurden.

115) Vgl. Fec. 523, S. 105.

116) Vgl. S. G. Ub. II, 359, 758, 909; Mrh. Ub. I, 313, 256, 981.

117) *castrati galli;* das Kastrieren des Hahns ist ursprünglich eine italienische Sitte.

118) Eck. ben. 84, S. 109; *propria virtute columba*, Glosse: *sine felle.* Der Glaube, dass die Tauben keine Galle haben, soll sich noch heute unter dem Volke am Rhein vorfinden.

119) J. G. 89, SS. IV, 362: *aves domesticae et agrestes;* vgl. Ecb. 541 ff., S. 102; Schl. Gl. (ZfdA. V, 359): *De avibus.*

120) Von der Wachtelmutter erzählt Eckehard, sie stelle sich hinkend, um die Verfolger von den Jungen abzulenken. (ben. 83, nebst Glosse.)

121) Vgl. Pieler, De Saxonum saeculi decimi moribus et artium litterarumque cultu. (Arnsberg, 1842, Schulprogr. S. 13.)

122) Eck. ben. 97—116, S. 110.

123) Den Bratspiess drehen galt ebensowie das Wassertragen als niedrigster Küchendienst. (Ecb. 696, S. 112; V. Ad. 17, SS. IV, 588.)

124) Bisweilen wurde das Fleisch erst gekocht und dann noch gebraten (ben. 126); auch gehackt kam es auf den Tisch (ben. 112; *carnes conflictas-kehacchot*); vgl. Ecb. 273, 274, S. 87.

Schinken und Speck standen hoch im Werte. Schweinefleischbrühe war
eine Speise für Kranke und Schwache [125]).

Tiere, die an einer ansteckenden Krankheit litten, wurden streng ver-
abscheut. Die Strassburger Metzger durften zur Zeit des Bischofs
Erkembald die ausgedienten und altersschwachen Rinder, die auf den
bischöflichen Gütern den Pflug gezogen hatten, nicht schlachten, wenn sie
ihnen irgendwie verdächtig erschienen [126]).

Auf das Wildbret werden wir an anderer Stelle zurückkommen.
Sämtliche Braten sowie auch die Fische liebte man in stark gewürzten
Brühen und Sülzen anzumachen; am unentbehrlichsten scheint die Pfeffer-
sauce gewesen zu sein [127]).

Die Gemüse genoss man meist in Breiform; Bohnen-, Linsen- und
Hirsebrei wurde bereitet [128]). Als Nachgericht dienten häufig Eierspeisen [129])
oder Käse, der ohne Zuthaten für ungesund galt; man verzehrte ihn etwa
mit Honig, Pfeffer und Wein [130]); ferner mancherlei Obst. Zu dem einheimischen gesellten sich Früchte, die unter der Sonne Italiens gereift waren,
wie Datteln und Feigen. — Alles zusammengenommen ergiebt sich, dass
man in der Kunst der Speisenbereitung vor 900 Jahren ausgezeichnet bewandert war, und dass, wenn es einmal galt, ein üppiges Mahl zu ver-
anstalten, dem Gastgeber eine überreiche Auswahl der mannigfachsten
Gerichte zu Gebote stand. Nicht zum mindesten waren es die Kloster-
bewohner, die in den Freuden der Tafel schwelgten, wie sie es überhaupt
auf dem Gebiete des feineren Lebensgenusses ihren Zeitgenossen zuvor-
thaten. Sie wussten auch mehr als jeder andere die Schätze des Kellers
zu würdigen.

Wir kommen damit zu den Getränken [131]). Das edelste derselben,
der Wein, hatte sich längst allgemein eingebürgert. Die Zeiten Cäsars,
wo der Germane den Rebensaft verschmähte, waren vorüber, und das
Jahrhundert der Ottonen sah den Weinbau in hoher Blüte, besonders im
westlichen und südwestlichen Deutschland, an den Ufern des Rheins und

---

125) Eck. cas. 140, S. 440.

126) Erk. P. L. 137, 595, CI.

127) Vgl. Eck. ben. 38, S. 107; 65, S. 108; 154, S. 112; Walth. 440.

128) Eck. ben. 165, 171, 173, S. 112; einen gespickten Brei aus Milch und
Mehl erwähnt das Waltharilied, 1441.

129) Vgl. Fec. 1658—1663, S. 201.

130) Eck. ben. 141, S. 111. Honig nahm man vielfach als Zusatz zu anderen
Speisen, er wurde auch allein gern genossen (ben. 141—148, S. 111). Wir werden
mit ziemlicher Sicherheit auf eine weite Verbreitung der Bienenzucht schliessen können.
Der Wachs war ja schon für die kirchlichen Zwecke durchaus notwendig. Grosse
Mengen desselben bezog man freilich aus den slavischen Grenzländern an der Donau
und Elbe. Zu vgl. ist Vb. S. 15; Wid. II, 23; Mi. W. 2, SS. IV, 224; Tietm. VIII.
20, S. 204 (apum magister im Gau Diadesisi zwischen Oder, Bober und Katzbach);
über den Wachszins Waitz Vfg. V, 232/233.

131) Die Schl. Gl. (ZfdA. V, 366) nennen win, meto, luttirtrank, bier.

der Mosel. Weinberge und Weingärten gehörten, wie die Urkunden beweisen, zum wertvollen Besitz zahlreicher Höfe und Klöster[132]). Reich an Wein war die Gegend von Mainz[133]); auch im Metzischen gediehen die Trauben gut[134]), ebenso bei Trier[135]). Den Weinbau des Klosters Gorze förderte der Abt Johannes mit dem grössten Eifer[136]). Vortrefflichen Wein empfing der Bischof Megingaud von Eichstädt (984—1014) von seinem dortigen Amtsgenossen, dem er seinerseits Hausen, seidene Talare und feine Tücher sandte, Kostbarkeiten, an denen sein eigener Sprengel Überfluss hatte[137]). In St. Gallen mangelte es zeitweilig an Platz für die aufzuspeichernden Weinvorräte. Unter Notker Pfefferkorn war sowohl der Keller des Abtes als derjenige der Brüder überfüllt; viele Fässer lagerten im Abthofe, andere sogar draussen unter freiem Himmel[138]). — Den eigentlich deutschen Gewächsen wurden von manchen die feurigen Weine der südlichen Gelände vorgezogen. Unter den Tiroler Weinen erfreute sich vor allem der Botzener während des ganzen Mittelalters einer grossen Berühmtheit. Die Einfuhr desselben ist schon für das Jahr 908 bezeugt. Er hiess in Baiern *orientale vinum de Bauzano*[139]). Wir finden ihn später z. B. auf der Tafel des Bischofs Ulrich von Augsburg[140]).

Eine einigermassen anschauliche Vorstellung von dem Äusseren eines Weinberges jener Zeit, sowie von der Art und Weise seiner Bearbeitung, lässt sich aus den Bildern des *codex Epternacensis* gewinnen[141]). Als Werkzeuge benutzen die Arbeiter Hacke und Hippe. Inmitten des neu angelegten Weinberges erblickt man ein turmartiges, festes Gebäude; links von demselben die Kelter (*torculare*)[142]). Sind die Reben herangewachsen,

---

132) Urkundliche Belege für Mosel-, Rhein-, Ahr-, Nahe- und Saarweinbau bei Lamprecht W. I, 1, S. 567—569; vgl. S. G. Ub. II, 358, 757, 909. W. Ub. I, 214, 184, 960; 219, 188, 973; I, 221, 190, 976; Nrh. Ub. I, 52, 93, 941; 58, 102, 948. Mrh. Ub. I, 254, 193, 952; ferner Hr. Pr. 460, S. 355; Folc. 26, SS. IV, 68; Eck. cas. 40, S. 144; Inama, S. 234 ff.
133) Jacob, S. 13.
134) J. G. 45, SS. IV, 350: *vinearum pulcherrima admodum copia;* Tietm. VI, 51, S. 165.
135) Ecb. 417, 733, S. 96, 114: *Treuirensia vina;* 734, S. 115: *Treuirici calices quos non fecere loquaces.*
. 136) J. G. 89, SS. IV, 362.
137) Anonymus Haserensis, De episcopis Eichstetensibus, 22, SS. VII, 259.
138) Eck. cas. 134, S. 428. Hölzerne Bänder hielten das Fass zusammen, als Verschluss diente der Zapfen (*sigillus*), vgl. cas. 53, S. 203; Du C. VII, 478.
139) Meich. I, 429; vgl. II, 16. u. 99.
140) Eck. cas. 59, S. 218; vgl. Lexer, Mittelhochdeutsches Wörterbuch II, 211: *passûner*, und dessen Glossar zu den Chroniken der deutschen Städte IV, 361/362; Zingerle, Berühmte Tiroler Weine, ZfdK. n. F. II, 1873, S. 119—125; über Wein und Weinsorten im späteren Mittelalter A. Schultz, das höfische Leben zur Zeit der Minnesinger I, 2. A. S. 404 ff.
141) Lamprecht Bild. Taf. VI, VII; S. 103, 106, 107.
142) Kelterpressen erwähnt auch Li. A. VI, 5, SS. III, 338; vgl. Inama, S. 298.

so ruhen die einzelnen Stöcke auf Spalieren. Das Ganze wird von einem Zaune umschlossen.

Als Weinmass wurde häufig der Lägel angewandt. Die Grösse desselben war keine fest bestimmte, sondern richtete sich nach dem jedesmal herrschenden Brauche [143]. Ein für Strassburg belegtes Weinmass heisst *ama* [144]. Grössere Weinlieferungen pflegte man nach Fudern zu bemessen [145]. Sechs Fuder Wein betrug die jährliche Pacht, gegen welche das Kölner Domkapitel einem gewissen Wolfram und seinen Erben ein Gut zu Remagen überliess. [146].

Junger Wein oder Most wurde neben dem alten getrunken [147]. Sehr beliebt war es, den Wein mit allerlei Zuthaten, Gewürzen, Kräutern und Honig zu versetzen [148]. Am griechischen Kaiserhofe wurde er gar mit Pech, Harz und Gips vermischt, was ihn dann allerdings für einen Abendländer ungeniessbar machte [149]. Auch gekocht und in heissem Zustande trank man denselben [150].

Obstweine, z. B. Apfel- und Maulbeerweine, waren ziemlich verbreitet [151]. Schon Karl der Grosse hatte die Herstellung derselben auf seinen Höfen angeordnet [152]. — Ein sehr häufiges Getränk war der Meth, der sich bekanntlich schon für die indogermanische Urzeit nachweisen lässt. Nach mittelalterlicher Vorschrift bereitete man ihn aus Wasser, Honig und Gewürzen. Meth als Getränk in Sachsen führt Tietmar an [153].

Jüngeren Ursprunges ist das Bier. Die Schriftsteller des 10. Jahrhunderts gedenken desselben fast garnicht; doch mag gerade dieser Umstand für seinen allgemeinen Gebrauch sprechen: von ganz gewöhnlichen Dingen schweigt man in der Regel [154].

---

143) Eck. cas. 56, S. 209: *languena;* Mi. Max. 16, SS. IV, 234: *laguncula-trium tantum capacem sextariorum vino plena.* Der Sextarius war gleichfalls ein Trocken- und Flüssigkeitsmass von verschiedenem Gehalte; vgl. Du C. V, 13, 14; VII, 464; Meich. II, 16: *ad mensuram Bozanam.*

144) Erk. P. L. 137, 591; Du C. I, 211.

145) Nrh. Ub. I, 52, 93, 941.

146) W. Günther, Codex Diplomaticus Rheno-Mosellanus, 1822. I, 95, No. 32.

147) Eck. cas. 40, S. 145: *optulit viro mustum;* ben. 235—242, S. 115; 241: *Christe hiesu mustu bona fac et uina uetusta.*

148) *pigmentatum, claretum, lutertranc, mulsum, Ypocras,* ein Name, der auf eine arzneiliche Wirkung zu deuten scheint; vgl. Eck. ben. 152, S. 112; 254, 255, S. 116; Ecb. 806, S. 118; Walth. 301; Wackernagel, Mete, Bier, Wîn, Lît, Lûtertranc. (ZfdA. VI, 263 ff., bes. 268/269, 272.)

149) Li. Leg. 1, SS. III, 347.

150) Eck. ben. 251, S. 115: *uinum coctum.*

151) Eck. ben. 150, 249, S. 112, 115: *moretum;* Fec. 1235, S. 178: *moretum cum melle liquas.*

152) capitulare de villis, 45 (M. G. Leges I, 184).

153) Tietm. VIII. 23, S. 206.

154) Vgl. Inama, S. 295/296; Gerdes, S. 378; einige Belege finden sich: V. Ou. 4, SS. IV, 392; Eck. ben. 256—259, S. 116; cas. 80, S. 280; P. L. 137, 16: *braza, brazator (qui brazam, cerevisiam conficit,* Du C. I, 739).

Ein von Gerste oder Hafer abgezogenes Getränk, dem man durch Gährung und Beimischung von Hopfen mehr Reiz und Dauerhaftigkeit verlieh, war in den Niederlanden unter dem Namen *Gruit* sehr verbreitet[155]).

Es bleibt noch die Milch zu erwähnen[156]) und schliesslich auch das Wasser, das nicht selten den Wein vertreten musste, wenn die Zeiten teuer und die Keller leer waren. Dies Unheil traf z. B. unter Otto I. die armen Mönche von St. Maximin in Trier, bis der Kaiser sich ihrer erbarmte und Abhülfe schaffte[157]). Übrigens wurden dem Wasser vielerlei Vorzüge beigelegt, über die uns ein Lied zum Preise des feuchten Elements aus der Feder Eckehards IV. belehren kann. Es beginnt folgendermassen[158]):

> *Pluris quam vina fontana valet medicina*
> *Vinum letificat, cor fons vi duplice salvat.*
> *Nudo cum pane, fons cor confortat inane.*
> *Firmat cor hominis aqua cum gustamine panis.*
> *Nulla creatura preciatur aqua mage pura.*
> *Corpus aqua durat anime morbos sacra curat.*
> *Hec est qua vitam paradysus reddit avitam.*

Drittes Kapitel.

Kleidung und Tracht.

Die bei dem männlichen Geschlechte vorherrschende Tracht war die sogenannte fränkische, die sich auch im Zeitalter der Karolinger behauptet hatte. Ihr wesentliches Merkmal bildet der kurze eng anschliessende Rock. Die Sachsen trugen, wie Widukind erzählt, im Gegensatz zu den Franken lange Röcke, wodurch sie bei diesen schon früh Aufsehen erregt hatten.[1]) Otto I. aber war bei seiner Krönung im Jahre 936 „nach fränkischer Sitte mit dem enganliegenden Gewande" bekleidet.[2]) Von ausländischen Kleidermoden liess sich dieser Herrscher überhaupt nicht beeinflussen, sondern hielt sich stets an den heimischen Brauch.[3]) So hebt auch Liudprand im Hinblick auf die weite und üppige Kleidung, die er am griechischen Hofe vorgefunden hatte, rühmend hervor, dass der König der Franken eine Kleidung trage, die von jener Weibertracht gänzlich ver-

---

155) Urk. Ottos III. v. J. 999 (Miraeus, Opera diplomatica, 1723) I, 263: *negotium generale fermentatae cerevisiae et quod vulgo Gruit nuncupatur.*
156) Eck. ben. 137/138, S. 111.
157) Mrh. Ub. I, 281, 224, 966; vgl. Eck. cas. 22, S. 88/89.
158) Mitteilungen der antiquarischen Gesellschaft in Zürich, III, S. 105; vgl. Eck. ben. 260—265, S. 116.
1) Wid. I, 9: *mirati sunt Franci novum habitum; — nam vestiti erant sagis.*
2) Wid. II, 1.
3) Wid. II, 36.

schieden sei.[4]) Nicht deutschen Ursprungs war nur der zu den königlichen Insignien gehörende griechisch-römische Mantel (*chlamys*[5]), ein bis auf den Boden herabwallendes Gewand, das auf der rechten Schulter durch eine Schnalle, Spange oder einen Knopf zusammengehalten wurde. Mit einer solchen Chlamys angethan besuchte Otto der Grosse 972 das Kloster St. Gallen.[6]) Auf ihren Siegeln erscheinen die sächsischen Herrscher nie ohne dieses oft reich verzierte und an den Säumen mit kunstvollen Stickereien versehene Kleidungsstück, das auch auf anderweitigen Königsbildern nicht fehlt.[7]) Ein Stück von dem Mantel Ottos II. schenkte seine Mutter, die Kaiserin Adelheid, nach dem Tode ihres Sohnes als kostbare Reliquie dem Martinskloster in Tours „zur Verherrlichung des Altars“.[8]) Im Kaiserornate ist Otto I. zusammen mit seiner Gemahlin Editha auf dem Altare einer Kapelle des Doms in Magdeburg dargestellt.[9]) Die Reste der ursprünglichen Bemalung lassen nach Hefner-Alteneck erkennen, dass die Gewänder von Goldstoff und mit verschiedenen Farben in quadratischen Formen durchwirkt waren, nach Art der zur Ottonenzeit sehr beliebten sogenannten schottischen Zeuge. Die Königskrone wird auf den Siegeln in den verschiedensten Gestaltungen wiedergegeben, ebenso der Herrscherstab, dessen Spitze bald ein Kreuz oder Knopf, bald eine Lilie oder ein ganzer Blütenkelch ziert. — Dass die unter Karl dem Kahlen in Aufnahme gekommene byzantinische Tracht auch unter den Ottonen noch verbreitet war, wird nirgends berichtet. Indessen ist doch anzunehmen, dass in den höheren Ständen einzelne gelegentlich die reichere griechische Kleidung, vor allem die längere Tunika der einfacheren deutschen Gewandung vorzogen. Es ist dies um so wahrscheinlicher, als ja infolge der Vermählung Ottos II. mit der griechischen Prinzessin Theophanu der deutsche und oströmische Hof in nähere Beziehungen und in einen regen Verkehr mit einander traten. Eine gleichzeitige Elfenbeintafel, die sich gegenwärtig in der Sammlung des Hotels de Cluny in Paris befindet, zeigt z. B. Otto II. und seine Gemahlin in durchaus griechischer Tracht[10]). Unzweifelhaft werden sich unter den mehrfach genannten byzantinischen Geschenken[11]) an die deutschen Könige auch kostbare Gewänder befunden haben. Nach Italien brachten venetianische und amalfitanische Kaufleute Gewandstoffe aus Konstantinopel, die dann leicht auch in Deutschland Eingang finden konnten[12]).

---

4) Li. Leg. 40, SS. III, 356.
5) Wid. I, 25; II, 1.
6) Eck. cas. 147, S. 450.
7) Vgl. H.-A. I, Taf. 22.
8) Ep. A. 17, SS. IV, 643.
9) H.-A. I, Taf. 21.
10) Vgl. Weiss, S. 526/527, Fig. 230; für Otto III. H.-A. I, S. 20, Taf. 36.
11) C. R. z. J. 967, SS. I, 629; Tietm. II, 15, S. 34.
12) Li. Leg. 55, SS. III, 359.

Über die Kleidung der Vornehmen sind wir im allgemeinen wenig unterrichtet. Eine höhere Lebensstellung und reichere Vermögensverhältnisse bedingten selbstverständlich eine prächtigere Ausstattung der Gewänder [13]). Neben den Bildern in dem Stuttgarter Psalter aus der Mitte des 10. Jahrhunderts gewähren einzelne Miniaturen des *codex Egberti* und des *codex Epternacensis* darüber einigen Aufschluss. Wir sehen einen Mann aus dem Stande der Geldwechsler, die ja von jeher zu den angesehenen und wohlhabenden Bürgern der Stadt gehörten, angethan mit weisser Tunika und dunkelviolettem Mantel [14]). Auf den Bildern zum Gleichnis von den Arbeitern im Weinberge [15]) trägt der *pater familias* weisse oder schwarze, weiss geschnürte Fussbekleidung, mineralblaue Hosen, einen kirschroten oder dunkelgrünen Rock mit goldenen und scharlachnen Borten und einen weissen oder kirschroten Mantel, gleichfalls mit goldenen Borten. Dem Herrn gegenüber erscheint der Prokurator ohne Mantel; gleichwohl wird auch er durch den reichen Besatz und die gestickten Säume seiner Kleider als zu den höheren Ständen gehörig bezeichnet. Äusserst prächtig gekleidet geht der Sohn des Hausherrn einher. Sein rehfarbener, mit vielen kostbaren Borten gezierter Rock und ebenfalls die ebenso geschmückten Schuhe lassen ihn als Kind eines reichen Hauses erkennen [16]). Geistliche Herren, die an weltlicher Tracht Gefallen fanden, liebten wohl lange, faltige, mit weiten Ärmeln ausgestattete Röcke, die durch einen Gürtel um die Hüften zusammengeschnürt wurden [17]).

Zur Kleidung der Vornehmen gehörte das Pelzwerk [18]). Einen Marderpelz besass Bischof Ulrich von Augsburg [19]). Ausserdem waren Otter-, Biber- und Kaninchenpelze, sowie Hermelin und Zobel in Gebrauch [20]). Wertvolle ausländische Pelze, die mit einem zwei Spannen breiten Saume besetzt und mit norischem Tuche gefüttert waren, stellt Richer dem gemeinen einheimischen Pelzwerk gegenüber [21]).

Wir wenden uns zu dem niederen Volke. Im allgemeinen wird auch hier gelten, dass man über einem leinenen oder wollenen Untergewande den bald kürzeren bald längeren Rock trug, dazu ein einfaches Beinkleid und eine ebensolche Fussbekleidung. Der ursprünglich enge deutsche Rock hatte sich allmählich, indem man die engeren Ärmel beibehielt, im

---

13) Vgl. Br. 21: *superfluitas vestium;* 30: *molles et delicatae vestes.*
14) Lamprecht Bild. Taf, V; die Tunika oder der Leibrock begegnet auch im Walthariliede; vgl. 777, 1192.
15) Lamprecht Bild. Taf. VI, vgl, S. 103—105.
16) Ebenda, Taf. VII, S. 108.
17) Rich. III, 37, S. 98.
18) Vgl. Vb. S. 15; Eck. cas. 3, S. 14; Tietm. V, 6, S. 113.
19) V. Ou. 26, SS. IV, 412.
20) Fec. 392 f. S. 86; 450, S. 95: *migale* (glossiert *harm*), *cuniculus* (gloss. *marderis*), *sophorus nigredine pulchra* (gloss. *zabilis*).
21) Rich. III, 40, S. 99.

übrigen in die weitere, zur Arbeit bequemere römische Tunika verwandelt, die sich in der Form der Bluse bis auf den heutigen Tag erhalten hat. Man pflegte sie durch einen Gürtel zu einem kleinen Bausche aufzuschürzen[22]). Dem entsprechen beispielsweise auch die Bilder von den Arbeitern im Weinberg, die uns im *codex Epternacensis* entgegentreten, ebenso die Diener auf der Hochzeit zu Kana. Schwarze oder schmutzig-gelbe Halbstiefel, braunviolette und gelbe Hosen und Röcke charakterisieren die letzteren als Leute der unteren Stände[23]). In vornehmen Häusern musste freilich auch das Äussere der Diener einen vornehmen Eindruck machen. In Purpurgewänder gekleidet begegnen sie uns am Hofe Erzbischofs Bruno von Köln[24]). Über die Tracht der grossen Menge der Gewerbetreibenden und Bauern unserer Zeit erfahren wir so gut wie garnichts. Auf dem Lande, in einfachen Verhältnissen wird man sich nicht selten mit einem gegerbten Schaffell begnügt haben[25]). Die Fürsten am griechischen Hofe sprechen dem Liudprand gegenüber in geringschätziger Weise von dem „armen, in Felle gekleideten Sachsen"[26]). Im übrigen gewährt den einzigen Anhaltspunkt wiederum ein Bild des *codex Egberti*, das den Petrus als Fischer in der Ausübung seines Berufes zeigt; er ist nackt bis auf ein weisses, umgeschlungenes Laken[27]). — Nicht gering mag endlich die Zahl derer gewesen sein, die sich in ihrer Kleidung an keinen bestimmten Brauch hielten; wir meinen die vielen Armen, Bettler und Kranken, die, nicht selten nur in Lumpen gehüllt[28]), im Lande umherzogen und, um ihre Blösse zu decken, alles nahmen, was mitleidige Seelen ihnen darboten. Klopfte ein solcher an die Thüre eines Bischofs oder wandte er sich bittend an ein Kloster, so reichte man ihm etwa Rock und Hemd, Stiefel und Schuhe[29]). Bischof Heinrich von Augsburg verordnete 980, man solle alljährlich an seinem Todestage zwölf Arme bekleiden, und zwar im einen Jahre mit linnenen, im nächsten mit wollenen Gewändern[30]).

---

22) Eye u. F. I, Taf. S. 10: Volkstracht vom 9. u. 10. Jahrh. Dargestellt sind vier Soldaten beim Kreuze Christi von einem in Elfenbein geschnitzten Buchdeckel.

23) Lamprecht Bild. Taf. VI, S. 106; S. 101; Kraus c. E. Taf. XIX; vgl. die Darstellung der Hirten, der mit Botenstäben ausgerüsteten *servi*, des Gergeseners und des Blinden: Kraus c. E. Taf. XII, XXVII; Lamprecht Bild. Taf. IV, VII, S. 107.

24) Br. 30.

25) Br. 30: *rusticanas ovium pelles induxit.*

26) Li. Leg. 53, SS. III, 359: *pauper et gunnata, id est pellicea, Saxonia;* vgl. Du C. IV, 138: *vestis pellicea,* franz. *gonne,* engl. *gown,* neugr. γοῦνα.

27) Kraus c. E. Taf. LV. Zwar wird diese geringfügige Kleidung des Petrus durch den Text der betreffenden Bibelstelle vorgeschrieben. Indessen lassen sich noch anderweitige Belege aus deutschen Handschriften beibringen, die es wahrscheinlich machen, dass der Maler des Bildes eine Sitte seiner Zeit im Auge hatte; vgl. Lamprecht, Bild. S. 103.

28) Eck. cas. 84, S. 301; *pannosi.*

29) Eck. cas. 87, S. 313: *rocci et camisiae, caligae et calcei.*

30) V. Ou. 28, SS. IV, 418.

Das Bild des Aussätzigen im *codex Egberti* kann uns das Äussere dieser heimatlosen Leute einigermassen veranschaulichen[31]). Er ist fast nackend dargestellt, nur von einem weissen Gewande mit schmutzig-roten Schatten bedeckt. Im *codex Epternacensis* trägt er ausserdem einen langen, oben mit einem Knaufe versehenen Stab, das charakteristische Zeichen der Fahrenden.

Wir fügen einige Bemerkungen über einzelne Teile der männlichen Tracht hinzu. Die Schlettstädter Glossen geben folgende Zusammenstellung (ZfdA. V, 363):

froccum—rok, camisia—hemedi, limbus—porti, femorale—bruoch, sagellum— lachan, bracile—bruchgank, fasciola—windinga, sokkus—sok, tribuca—thiabruch, caliga—hosa, pedules—uoztuoch, calcei—scuohi, ficones—hososcuoha, uuanti—hanscuoha, baltheum—balderich, sarcile—phaiti, camisile—hemitlachan; vergl. Ahd. Gl. S. 58/59, *De vestimentis.*

Das Beinkleid[32]) war unter den sächsischen Kaisern ein mehr oder weniger eng anschliessendes und hing zum Teil mit der Fussbekleidung zusammen. So tragen die beiden Kriegsknechte auf dem schon erwähnten elfenbeinernen Buchdeckel lange und etwas faltige Hosen, vermutlich von Leinwand. Dieselben bedecken zugleich die Füsse und sind unter diesen mit Sohlen ausgestattet[33]). Nach einer anderen Sitte wurde das Unterbeinkleid mit Kreuzbändern umwickelt und die Füsse in Schuhe gesteckt. Gelegentlich bediente man sich auch eines kurzen, nur bis zum Knie reichenden Beinkleides[34]). Übermässig weite Hosen waren bereits beliebt. Auf der Synode zu Mont-Notre-Dame im Jahre 972 wurde darüber Klage geführt, dass die aus einem äusserst feinen Gewebe hergestellten Beinkleider der für Modethorheiten sehr empfänglichen Geistlichen eine Weite von sechs Fuss angenommen hätten, ein Stück Zeug werde dafür verwendet, das für zwei vollkommen hinreichend wäre[35]). Dass man auch schon Gefallen daran fand, das Beinkleid aus verschieden gefärbten Stoffen zusammenzusetzen, wird durch die Bilder des Stuttgarter Psalters bestätigt[36]). Ebendieselben lassen erkennen, dass man, um mehr Abwechselung in die Farbe der Kleider zu bringen, an verschiedenen Stellen derselben, z. B. vorne auf dem Mantel eckige und runde Stücke von anderem Zeuge als Verzierung einzusetzen pflegte.

---

31) Kraus c. E. Taf. XX; Lamprecht Bild. Taf. IV, S. 97.
32) Li. A. II, 63, SS. III, 299: *femoralia;* Tietm. V, 6, S. 110: *braca.*
33) Eye u. F. I, Taf. 10.
34) Vgl. R. v. Rettberg, Zur Geschichte der Trachten. (Anzeiger für Kunde der deutschen Vorzeit, V, 1858, Sp. 218.)
35) Rich. III, 41, S. 99: *de femoralibus iniquis.*
36) H.-A. I, Taf. 22, S. 14 u. 15: Das rechte Bein des Königs ist vorne rot, hinten grün, das linke vorne grün und hinten rot.

Als Fussbekleidung wurde in den niederen Ständen allgemein der
einfache, aus Leder geschnittene Schuh gebraucht. Er war durch Schnür-
riemen am Fusse befestigt. Zwei Schuhe der Art, die wohl dem 10. Jahrhundert angehören, sind in den Grabstätten bei Oberflacht in Schwaben
entdeckt worden[37]). Schwarze Schnürschuhe mit roten, weissgetupften
Schnüren tragen die im *codex Epternacensis* abgebildeten Hirten[38]). Die
Fussbekleidung der Mönche bestand gleichfalls aus Schuhen. Einige vermochten ein ganzes Jahr lang mit zwei Paaren auszukommen, so der Bruder
Ratpert von St. Gallen, der freilich wenig umherwanderte und die Mauern
seines Klosters fast nie verliess, da er jeden Gang ins Freie dem Tode
gleichachtete[39]). Im Winter versahen manche sich zum Schutze gegen
die Kälte mit Filzschuhen[40]).

Das Schuhwerk der Vornehmen war natürlich entsprechend reicher
ausgestattet, häufig mit kunstreichen Borten besetzt, und die Schnüre und
Riemen zierlicher gestaltet. Vier Paare solcher kostbaren Schuhe nimmt
Walther von Aquitanien als einen Teil des Schatzes aus dem Hunnenlande
mit[41]). Vielfach wurden in den höheren Ständen auch Halbstiefel getragen[42]). Um sich der lästigen Schnüre zu entledigen, liess man sich
den Schuh bald auch so eng anfertigen, dass er sich von selbst fest an
den Fuss anschmiegte. Wer den Aufwand liebte, der stolzierte in feinen,
bunt verzierten Schnabelschuhen einher und hielt darauf, dass dieselben
mit besonderer Kunstfertigkeit stets spiegelblank geputzt wurden[43]). Für
gewöhnlich reinigte man das Schuhzeug nur mit Wasser[44]). Ob es auf
dem Lande im Sommer Sitte war, barfuss zu gehen, muss dahingestellt
bleiben. Jedenfalls galt Barfüssigkeit als ein Zeichen der Niedrigkeit und
unterwürfigen Gesinnung. Wer etwa schuldbeladen sich dem Könige nahte,
um von ihm Gnade und Verzeihung zu erlangen, kam stets *nudis pedibus*.
Auch Kranke, die zum Grabe eines Heiligen pilgerten, pflegten sich ihrer
Fussbekleidung zu entledigen[45]).

---

37) Weiss, S. 521, Fig. 227.
38) Lamprecht Bild. S. 95/96, Taf. III; vgl. Mi. Ou. 25, SS. IV, 423; Eck.
cas. 52, S. 200.
39) Eck. cas. 34, S. 130.
40) V. Ou. 17, SS. IV, 406: *soccis de sago factis indutus propter frigus, quia
hiems erat.*
41) Walth. 268: *inde quater binum mihi fac de more coturnum;* vgl. Monachus
Sangallensis I, 34 (SS. II, 747).
42) Weiss, S. 522, Fig. 228, c—f; vgl. jedoch für Otto I: V. Ou. 21, SS. IV,
407; Eck. cas. 133, S. 423.
43) Rich. III, 39, S. 98: *de calciamentorum superfluitate;* Johannes von Gorze
verschmähte *calciamentorum nitorem.* (J. G. 78, SS. IV, 359.)
44) V. Ad. 23, SS. IV, 592; J. G. 62, 63, SS. IV, 354/355.
45) Wid. III, 40; Hr. G. 430, S. 321; Mi. Ou. 25, SS. IV, 423; Tietm. IV, 1,
S. 65; IV, 45, S. 89; VIII, 9, S. 198. — Über den Schuh als Rechtssymbol vgl.
R. A. 155 u. 156.

Die Schuhmacher verstanden sich bisweilen auch auf anderweitige
Lederarbeiten. Unter den Strassburger Schustern waren z. B. acht verpflichtet, dem Bischofe nötigenfalls lederne Überzüge und Taschen für
kirchliche Geräte oder was er etwa an ledernem Hausrat brauchte, fertig
zu liefern[46]).

In der männlichen Kopftracht ist der umgebogene Spitzhut vor-
herrschend, der sich aus der sogenannten phrygischen Mütze entwickelt
hat. Daneben kommen auch andere Formen der Kopfbedeckung vor.
Eine eigentümliche Mütze tragen die heiligen drei Könige auf den Bronce-
thüren des Bischofs Bernward am Hildesheimer Dom[47]). Bekannt ist,
dass bei den Sachsen allgemein Strohhüte in Gebrauch waren[48]). Man
wird auf eine breite Form dieses Hutes schliessen dürfen, da derselbe nach
einer Angabe des Ratherius von Verona zum Schutze gegen die Sonnen-
strahlen aufgesetzt wurde[49]). Sonst pflegte man auch wohl bei starker
Sonnenglut, besonders während der Arbeit auf freiem Felde, das Haupt
mit einem Tuche zu verhüllen. Die angezogene Stelle des Ratherius
nennt ferner noch den *pilleus villosus* und bietet damit nach Falke die erste Erwähnung des Filzhutes für das mittelalterliche Deutschland. Bischof
Adalbert von Prag trägt statt des Hutes eine *mitra villosa*[50]). Aus Filz
mag man oft auch den Spitzhut hergestellt haben. Der Luxus an den Hüten
offenbarte sich vorzugsweise in Vergoldung und Besatz mit Goldborten
und Edelsteinen. Selbst die Geistlichen liessen sich hier und da verleiten,
ihre Tonsur mit einer *pillea aurita* oder einer teuren Mütze aus ausländischem
Pelze anstatt mit dem vorgeschriebenen *pilleus regularis* zu bedecken[51]). —
Über die Verwendung des Hutes im Verkehre der Menschen fehlen bestimmte Nachrichten. Doch ist nach einigen Notizen anzunehmen, dass
es bereits damals eine von vielen anerkannte Regel der Höflichkeit war,
dass der Untergebene vor dem Höherstehenden das Haupt entblösste,
ebenso, dass man beim Grusse den Hut lüftete[52]). — Für die rechts-

---

46) Erk. P. L. 137, 596: CVIII. *De sutoribus.*
47) Vgl. J. Falke, Zur Kostümgeschichte des Mittelalters. I. Die männliche
Kopftracht. (Mitteilungen der k. k. Centralkommission, V, 1860.) S. 187, 189,
Fig. 17; Eye u. F. I, Taf. 10.
48) Wid. III, 2: *fere non est inventus, qui foenino non uteretur pilleo.*
49) Rath. (Invectiva de translatione S. Metronis 7, S. 310): *stipularis illa ritus
Saxonici camera, quam vertici pro vitando solis imponunt ardore*; vgl. Falke, a. a. O.
S. 189, Fig. 20.
50) P. Ad. 2, SS. XV, 707.
51) Rich. III, 37, S. 98.
52) Vgl. Monachus Sangallensis I, 18, SS. II, 738; Li. Leg. 37, SS. III, 355;
Tietm. VII, 1, S. 170; Eck. cas. 13, S. 53; 15, S. 59; R. Hildebrand, Über die Sitte
des Hutabnehmens. (Bericht über die Sitzungen der germanist. Sektion der 26. Phi-
lologenversammlung zu Würzburg 1868; Germania, XIV, S. 125/126.)

symbolische Bedeutung des Hutes gewähren die Denkmäler des 10. Jahrhunderts keine Belege[53]).

Wie weit das Tragen von Handschuhen üblich war, ist schwer zu entscheiden. In den gleichzeitigen Quellen begegnen sie höchst selten[54]). Im Walthariliede werden Handschuhe aus Hirschleder erwähnt. Wer eine Hand verloren hatte, brauchte einen solchen Handschuh mit Wolle oder dergleichen ausgestopft als künstliche Hand[55]). Die Strassburger Handschuhmacher verarbeiteten weisses und schwarzes Leder[56]).

Haar und Bart.

Altgermanische Sitte war es, das Haar lang zu tragen; frei über die Schultern herabwallend, galt es als Symbol der freien Manneswürde[57]). Knechten wurde es geschoren. Allmählich änderte sich dieser Brauch, vorwiegend unter dem Einflusse der römischen Kultur. Für das 10. Jahrhundert bezeugen bildliche und schriftliche Quellen, dass ein kurz geschnittenes Haar und vollständige Bartlosigkeit allgemein üblich waren[58]). Ausnahmen kamen natürlich vor, und schon im folgenden Jahrhundert war ein kurzer Vollbart als Zeichen des Ranges wiederum Regel. Eckehard IV. hatte Leute gesehen, deren Bärte bis auf den Gürtel reichten[59]). „Schön geschoren“ nennt Liudprand den Frankenkönig[60]). Den Bart pflegte Otto I. sich lang wachsen zu lassen[61]). Auch auf seinen Siegeln ist er durchweg bärtig, nur einmal ohne Bart dargestellt. Auf denen der übrigen sächsischen Kaiser überwiegt durchaus die Bartlosigkeit, während sie hinsichtlich des Haupthaares die Herrscher meist ungeschoren lassen. Überhaupt hielten die Sachsen an der Sitte ihrer Väter fest und trugen langes, fliegendes Haar, wodurch sie den Franken auffielen[62]). Im Walthariliede tritt das Bewusstsein von dem Werte und

---

53) Vgl. R. A. 148—152.

54) Vgl. Mi. Max. 13, SS. IV, 232: *cirroteca, quam rustici wantum vocant, manu superducta.*

55) Walth. 1425—1428.

56) Erk. P. L. 137, 596, CIX, *De cyrothecariis;* vgl. noch R. A. 152—155; Du C. II, 310.

57) R. A. 239, 283 ff.; vgl. Eck. cas. 15, S. 59, n. 204.

58) Vgl. J. Falke, Haar und Bart der Deutschen im Mittelalter, (Anzeiger für Kunde der deutschen Vorzeit, n. F. V, 1858, Sp. 53); Fec. 1066—1068, S. 167: *De Tonsura. Mos nostram intravit tonsure pessimus urbem. Non sunt colla coronis, immo simillima trullis, Has perversa truces inlevit Francia sectas.* Vgl. 1684 ff.; S. 202/203: *De superbo iuvene et tonsura nova.*

59) Eck. cas. 136, S. 431/432.

60) Li. Leg. 40, SS. III, 356: *Francorum rex pulchre tonsus.*

61) Wid. II, 36: *prolixior barba et haec contra morem antiquum;* vgl. H.-A. I, Taf. 21.

62) Wid. I, 9.

der Bedeutung eines vollen Haarschmuckes noch deutlich zu Tage. Der Held gerät in Unwillen, als er durch einen feindlichen Schwertstreich zwei Locken vom Haupte verliert. „Kahlkopf" schelten ihn die Gegner schon wegen dieser geringfügigen Tonsur[63]). Bei Fehden geschah es bisweilen, dass man die feindlichen Gefangenen, um ihnen einen besonderen Schimpf anzuthun, ihres Haarschmuckes beraubte[64]). Auch die Diener der Kirche wussten einen starken Haarwuchs zu schätzen. Die Tonsur der Mönche berührte immer nur den obersten Scheitel[65]). Der übrige Teil des Kopfes wurde seltener vom Schermesser heimgesucht. Mehrfach lesen wir, dass man einen übelwollenden Klosterbruder im geeigneten Augenblicke bei den Haaren ergriff, was immerhin eine beträchtliche Länge derselben voraussetzt[66]). Weissem Haare, der Zierde des Alters, begegnete man mit Ehrfurcht[67]).

Weibliche Tracht, Schmuck.

Was wir aus Bildern und schriftlichen Zeugnissen über die weibliche Tracht im Zeitalter der Ottonen erfahren, lässt erkennen, dass sich Schnitt und Art derselben im Vergleich zu früheren Jahrhunderten wenig geändert hat. Ein weites, bis auf die Füsse herabfallendes, ungegürtetes Kleid, dazu ein lose umgeschlungener Mantel ist die gewöhnliche Kleidung, wie sie z. B. auf den Frauenbildern des Stuttgarter Psalters erscheint[68]). Ein breiter, gestickter Saum ziert den unteren Rand des Kleides. Die Ärmel liegen meist eng an; nur selten dient eine Tunika mit weit geöffneten Halbärmeln als Oberkleid. Der Mantel wird auf der Brust durch eine rosettenartige Agraffe zusammengehalten. Eine Königin tritt in einer einfach anliegenden, mit Steinen besetzten Kleidung auf. Denselben Stil zeigen einzelne Frauengestalten des *codex Egberti* und *Epternacensis*[69]), so die Samariterin. An ihrer Kleidung, einem weissen Untergewande mit blusenartigen Ärmeln und einem dunklen Obergewande, bemerkt man einen überreichen Bortenschmuck. Bei einer anderen findet sich ein scharlachroter Besatz mit aufgenähtem Goldzierrat. Allgemein werden Schuhe getragen. Sie sind schwarz, rot oder blau gefärbt und gleichfalls häufig mit edlen Steinen oder anderem Schmuck auf den Borten besetzt.

---

63) Walth. 971, 979, 991.
64) Tietm. IX, 22, S. 252; 24, S. 253.
65) Über Schwören bei der Tonsur vgl. Eck. cas. 72, S. 256.
66) Eck. cas. 36, 40, 74, S. 135, 145, 262; vgl. SS. I, Taf. III.
67) Eck. cas. 128, S. 414. — Über einen eigentümlichen Brauch der Lausitzer vgl. Tietm. VI, 25, S. 148: *pacem abraso crine supremo et cum gramine datisque affirmant dextris.* (R. A. 147.)
68) H.-A. I, Taf. 22, 26, S. 14—16; Weinh. II, S. 224/225; Weiss, S. 523, Fig. 229.
69) Kraus c. E. Taf. XXXVI, XXXVII; Lamprecht Bild. Taf. IV, S. 100.

3*

Schriftliche Nachrichten über diesen Gegenstand sind uns nur sehr
wenige aufbewahrt. Als die Königin Mathilde im Jahre 955 die Nachricht von dem Tode ihres Sohnes, des Herzogs Heinrich, erhielt, legte sie
die fürstlichen Gewänder ab, mit denen sie sich während ihres Witwen-
standes geschmückt. Nach Heinrichs I. Hinscheiden nämlich trug sie
„beständig ein einfarbiges Scharlachkleid, doch nicht zur Schau, sondern
unter einem linnenen Übergewande, dazu als Zierde nur wenig Schmuck".
Nunmehr aber erschien sie mit einem Trauerkleide angethan[70]. Von den
prächtigen, goldglänzenden Gewändern, mit denen sich die spätere Äbtissin Gerberga vor ihrem Eintritt in das Kloster Gandersheim kleidete,
erzählt uns Hrotsvitha[71]. Die Kaiserin Adelheid liess in ihrem Anzuge
eine weise Mässigung walten und verschmähte die kostbaren Kleider, die
allein ihrer Würde entsprochen hätten[72]. Nur bei der Krönung zeigte
sie sich im vollen Glanze königlicher Majestät[73]. Häufig pflegte sie
beim Austeilen von Almosen ihr langschleppendes Gewand „nach
Art der Landfrauen" aufzuschürzen, um ungehindert mit beiden
Händen geben zu können, da sonst die Linke das Kleid hätte aufnehmen
müssen[74]. — Ein mantelartiges Kleidungsstück, das gemeinhin *Froc* genannt wurde und, mit weiten Ärmeln versehen, ursprünglich zur Mönchs-
tracht gehörte, war gelegentlich auch beim weiblichen Geschlechte im
Gebrauch[75]. Eine besondere Erwähnung verdient noch das sogenannte
cilicium oder Haarkleid[76], mit dem diejenigen ihren Leib bedeckten, die
als Büsserinnen im Kloster oder gar in einsamer Klause, fern vom Treiben
der Welt, ihr ganzes Leben frommen Andachtsübungen und strenger
Askese weihten. In solch' einem rauhen Gewande verbrachte die Ein-
siedlerin Wiboroda bei St. Gallen ihre Tage[77]; und in Metz fand der

---

70) V. M. rec. 16, SS. IV, 294: *herilia deposuit vestimenta; — assidue induit
coccinum unius coloris, non in publico, sed sub lineo vestimento, et pro decore ornamenti
ante se gessit parum auri; — lugubri veste induta processit.* Vgl. V. M. ant. 15,
SS. X, 580.

71) Hr. Pr. 331/332, S. 351.

72) Ep. A. 11, 22, SS. IV, 641/642, 645.

73) Hr. G. 874/875, S. 336.

74) A. Qu. z. J. 999, SS. III, 76; Weiss, S. 523, n. 2 bezieht die Nachricht
fälschlich auf die Äbtissin Mathilde.

75) Mi. Ou. 20, SS. IV, 422: *frocus;* vgl. Du C. III, 524/525: *flocus, monacho-
rum vestis, quae amplas habet manicas, vulgo Froc.*

76) Du C. II, 327: *vestis interior seu subucula ex pilis animalium contexta; quam
monachi et vitae sanctioris viri ad domandam carnem, sub ceteris vestibus deferunt, ne,
dum cernitur, vanam procreet ostentationem.*

77) Eck. cas. 58, S. 215/216: *cilicium-cuius hodie asperitatem pro reliquis id
habentes horrescimus.* Vgl. Adalgerus episcopus, Admonitio ad Nonsuindam reclusam,
VII, de continentia vestitus (P. L. 134, 924): *corpus domare debemus, non balneum
subinde requirere, non ornata vestimenta, quia, si corpus nostrum delicate foveamus,
hostem nostrum nutrimus. Numquam enim maiorem inimicum potest homo habere quam
corpus;* über das Leben der Einsiedler im allgemeinen Gerdes, S. 603—607.

Abt Johannes von Gorze ein noch ganz jugendliches Mädchen, namens Geisa, das gleichfalls Tag aus Tag ein die Qual eines Haarkleides ertrug. Sie zog es unter dem Hemde an[78]).

Die älteste und einfachste Kopfbedeckung der Frauen ist das vierzipflige Kopftuch. Dieses entwickelte sich zu dem auch im 10. Jahrhundert bereits sehr verbreiteten Schleier, der verschiedene Formen annahm. Bald wurde er frei um den Kopf geschlungen, bald mehr haubenartig zusammengebunden, oder auch in schmale Binden gefaltet[79]). Schleierartige Tücher und Hauben trugen die deutschen und italienischen Frauen zur Zeit der Ottonen vorzugsweise auch auf Reisen[80]). Auf zahlreichen Miniaturen begegnet uns der Schleier, der Farbe nach meist weiss, daneben grün, rot und blau[81]). Bei einer Frau des Stuttgarter Psalters steckt der Kopf in einer Art Kapuze, die mit dem Mantel zusammenhängt. — Der Nonnenschleier war das Kennzeichen des Gelübdes, dass seine Trägerin jede Gemeinschaft mit der Welt aufgegeben habe[82]).

Dem Haare wandte das weibliche Geschlecht von jeher eine aufmerksame Pflege zu, wohl wissend, dass es mehr als alles andere zur Erhöhung der Schönheit beiträgt. Teils liess man es frei und lose über den Nacken herabfallen[83]), teils schmiegte es sich aufgebunden enger an den Kopf. In diesem Falle wurde es mit breiten Bändern und Borten durchflochten, auch wohl mit Edelsteinen geziert[84]).

Den Verlust des Haarschmuckes, eine Strafe, die bei den alten Germanen die Ehebrecherin[85]) traf, musste jede Frau als Schande empfinden. Ein Beispiel bietet die nachmalige Kaiserin Adelheid, der diese Schmach zugefügt wurde, als sie sich in der Gewalt des grausamen Berengar befand[86]).

Für die Anwendung von eigentlichen Schönheitsmitteln liegt nur ein einziges Zeugnis vor. Die Bewohnerinnen Schleswigs nämlich erregten das Interesse eines arabischen Reisenden auch dadurch, dass sie sich einer künstlich hergestellten Augenschminke bedienten, „bei deren Gebrauch die Schönheit niemals abnimmt, sondern noch zunimmt bei Männern und

---

78) J. G. 17, SS. IV, 342; vgl. Br. 35; Eck. cas. 30, S. 116/117.
79) J. Falke, die weibliche Kopftracht. (Mitteilungen der k. k. Centralkommission 1861, S. 1—14; 33—44.)
80) Li. Leg. 37, SS. III, 355: *mulieres nostrae tiaratae et teristratae.*
81) H.-A. I, Taf. 22; Kraus c. E. Taf. XIII, XVI, XLI.
82) Hr. Pr. 102, 103, 328, S. 343, 351; vgl. Du C. VIII, 264.
83) H.-A. I, Taf. 21; Kraus c. E. Taf. XIII.
84) H.-A. I, Taf. 22; Ep. A. 11, SS. IV, 641/642.
85) Für die Richtigkeit der Behauptung Lamprechts zu dem Bilde der Ehebrecherin (Lamprecht, Bild. S. 100, Taf. 4), dass diese durch das aufgelöst über die Brüste fallende Haar speciell als *adultera* charakterisiert werde, findet sich kein weiterer Beleg.
86) Ep. A. 3, SS. IV, 638.

Frauen[87]).“ Gleichwohl beweist das Fehlen weiterer Belege keineswegs,
dass diese und ähnliche Untugenden, die anderswo längst herrschten[88]),
den vornehmen Frauen am Ende des ersten Jahrtausends fremd gewesen
seien. Was die Natur ihnen versagt hatte, werden auch sie sicherlich
durch allerlei Kunstgriffe sich zu verschaffen gesucht haben, es sei denn
dass Eitelkeit keinen Eingang in ihre Herzen gefunden hätte!

An Geschmeide wird ebenfalls kein Mangel gewesen sein. Der
gewöhnlichste Schmuck waren die grossen Armspangen und Halsringe,
bekannt unter dem deutschen Namen „Bauge“[89]). Auch Männer legten
dieselben an[90]). Im Walthariliede erscheinen sie unter dem Zierrate der
Helden, daneben als Vertreter der geprägten Münzen[91]). Goldringe bilden
den grössten Teil des von Walther entführten Schatzes, der zwei Saum-
schreine des Rosses füllt. Erst hundert und hernach zweihundert derselben
bietet er dem Könige Gunther als Entgelt gegen freien Abzug[92]). Als
besonderer Halsschmuck wurden goldene Ketten getragen. Eine solche
schenkte Otto I. dem Grafen Heinrich von Stade als ein Zeichen seiner
kaiserlichen Gunst[93]).

Eine goldene Gewandnadel (*fibula*), „wunderbar durch den mannig-
faltigen Schimmer edler Steine,“ sah Widukind auf dem Altare des heiligen
Stephan zu Korvei. Sie hatte einst dem von Otto dem Ersten unter-
worfenen Hugo dem Grossen von Francien gehört[94]).

Ohrringe — wir erfahren nichts Genaueres über Form und Art
derselben — wurden im Jahre 994 bei einem Einfall der Seeräuber in
Stade den dortigen Frauen geraubt[95]).

Einen goldenen Fingerring erhielt Eckehard IV. am Osterfeste 1030
zu Ingelheim am Hofe Konrads II. von Mathilde, der Schwester der
Kaiserin Gisela.

Über Gewinnung und Fundorte edler Metalle, wie der Metalle überhaupt,
bleiben wir ziemlich im Unklaren[96]).

---

87) Jacob, S. 13.
88) Weinh. II, 333.
89) *armillae;* vgl. Fec. 88, S. 22.
90) Wid. I, 5; vgl. Li. A. II, 62; SS. III, 299: *balteum armillasque aureas om-
nemque pretiosum apparatum proiecit.*
91) Vgl. W. Wackernagel, ZfdA. IX, 551; Soetbeer, Forschungen zur deutschen
Geschichte I, 228 ff., bes. Anm. 2, S. 257—261.
92) Walth. 265, 266, 613, 663, 1193, 1404; vgl. Hr. G. 258, S. 315. Abbild.
bei Lindenschmit a. a. O. Taf. XIII, S. 395.
93) Tietm. II, 28, S. 37; vgl. Wid. I, 5; 22; Walth. 1059.
94) Wid. II, 35.
95) Tietm. IV, 25, S. 79.
96) Über den Bergbau (steierische und schweizerische Silber- und Eisengruben;
salzburgische Goldminen) vgl. Inama, S. 330; ein Eisenbergwerk befand sich zu Füssen
am Lech (Eck. cas. 21, S. 80).

Nur Tietmar äussert einmal voller Freude: „In Ottos (I.) Zeiten brach das goldene Jahrhundert an. Es ward zuerst eine Silberader bei uns entdeckt[97]."

Über eine altertümliche Messung von dargebotenem Golde giebt das Waltharilied Aufschluss. Attila verspricht, dass er denjenigen, der ihm den flüchtigen Walther zurückbringt, mit geläutertem Golde bekleiden, und, wenn er aufrecht am Boden steht, von beiden Seiten so mit Gold beladen will, dass ihm dadurch der Weg gesperrt sein soll[98].

Einer merkwürdigen Sitte bei der Spendung von Gold begegnen wir am Hofe Konrads II. zu Ingelheim. Der beschenkte ist Eckehard IV. Nach Beendigung der Messen am Osterfeste naht er sich den Füssen des Herrschers, „wo er die in deren Bekleidung gelegten Unzen Goldes aufhob." Dasselbe wiederholte sich dann bei der Königin[99]. — Konrad I., der das Weihnachtsfest 911 in St. Gallen feierte, verteilte am Tage der unschuldigen Kindlein unter den Klosterschülern Goldmünzen, die er den einzelnen in den Mund steckte[100].

Tracht der Geistlichkeit.

Es kann hier nicht unsere Aufgabe sein, eine ausführliche Beschreibung des Ornates der Geistlichkeit zu geben, zumal der Gegenstand bereits mehrere vortreffliche Bearbeitungen erfahren hat. Vielmehr beschränken wir uns auf eine geordnete Zusammenstellung der hier in Betracht kommenden gleichzeitigen Zeugnisse.[101]

Das eigentliche Messgewand des Priesters ist die Kasel[102], ursprünglich ein weiter, ärmelloser Mantel, nur mit einer Oeffnung für den Kopf versehen. Er umgab den ganzen Körper wie eine Hütte (*casula*) und bedeckte auch die Arme, sodass beim Aufheben derselben sich reiche Falten bildeten (*planeta*).[103] Meist wurde er aus schwerem Seidenstoff her-

---

97) Tietm. II, 13, S. 26; vgl. Wid. III, 63. Das erste Silberbergwerk wurde zu Goslar angelegt; vgl. Waitz, Heinrich I, Exkurs 15, S. 238/239. Aus Italien brachte 968 Rather von Verona nach Lobbes *auri et argenti, non dicam pondera, sed ut ipsius verbis utar, massas et acervos.* (Folc. 27, SS. IV, 69.) Eine grosse Menge veronesischen Goldes spendete auch Bischof Petrus von Verona dem Kloster St. Gallen. (Eck. cas. 8, S. 30.)

98) Walth. 405 ff., *hunc ego nox auro vestirem saepe recocto, et tellure quidem stantem hinc inde onerarem, atque viam penitus clausissem vivo talentis.* Vgl. R. A. 669—673; bes. 672, 6; A. Geyder, Anmerkungen zum Waltharius (ZfdA. IX, 157—160) teilt einen ähnlichen Fall aus dem Jahre 1278 mit.

99) Eck. cas. 66, S. 239.

100) Eck. cas. 14, S. 58.

101) Vgl. Weiss, S. 660 ff; Otte, Handb. 5. A. I, S. 264 ff.

102) *casula, planeta;* vgl. Vb. S. 15; Wid. II, 1; Br. 49; Eck. cas. 90, S. 330.

103) Otte, Handb. I, 266, Fig. 101c.

gestellt,[104]) daneben auch aus Samt. Die Verzierungen einzelner Gewänder
lassen 'erkennen, welche Geschicklichkeit man in der Kunst des Webens
und Stickens in Gold- und Silberstoff besass. Häufig wurden grosse Tier-
gestalten eingewebt, oder Darstellungen aus der heiligen Geschichte.[105])

Als Orte, aus denen die Strassburger Kleidermacher die Stoffe für
bischöfliche Gewänder bezogen, werden einmal Mainz und Köln genannt.[106])

Die Diakonen trugen als Amtsgewand die Dalmatika, die Subdiakonen
die Tunicella, beides hemdartige Ueberziehkleider von bald mehr oder
minder kostbarem Stoffe.[107])

Gemeinschaftlich waren allen Geistlichen folgende Kleidungsstücke, in
der Reihenfolge der Anlegung: Das Humerale, ein länglich viereckiges
Tuch, dazu bestimmt, den Hals zu schützen. Es wurde um den Kragen
des Talars geschlungen und mit Bändern vorn auf der Brust zusammengebunden.[108]) Ferner die Alba, das älteste Gewand der Geistlichen, ein
langes bis auf die Füsse herabfallendes Hemd aus weissem Leinen mit
langen Ärmeln, das über den Talar gezogen wird.[109]) Ursprünglich
schmucklos und schlicht, wurde die Albe später und zwar schon im
10. Jahrhundert, zumal wenn sie aus weisser oder farbiger Seide bestand,
teils durch einen breiten Bortenbesatz, teils auch durch figürliche Stickereien
verziert. Auf der kostbaren Albe, welche die Herzogin Hadwig Eckehard II.

---

104) Eck. cas. 90, S. 331: *casula serica;* vgl. H.-A. I, Taf. 40, S. 23: Chor-
gewand des Erzbischofs Willegis von Mainz (975—1011), in der Mainzer Stephanskirche,
bestehend aus starkem Seidenstoff von mattgrüner, stark ins Gelbe fallender Farbe,
mit höchst kunstreich eingewirkten Ornamenten.

105) Vgl. H.-A. I, Taf. 20, S. 13; Seidener Adlerornat im Domschatze zu
Brixen, allerdings wohl byzantinischen Ursprungs. — Ein deutscher Meister der Webe-
kunst war Abt Immo von St. Gallen († 984): *casulas etiam optimas illas ipse fieri
instituit: unam, in qua ascensio domini auro intexta est, et alteram, quae diversas figuras
desuper, in medio et in margine simili modo praefert intextas.* (Cas. S. Galli conti-
nuatio II. SS. II, 150).

Eine prächtige Stickerei aus dem 10. Jahrh. zeigt auch die Fahne des heiligen
Cyriakus, gegenwärtig in Würzburg. (H.-A. I, Taf. 29, S. 17).

106) Erk. P. L. 137, 595, CII. *De pellificibus. Inter pellifices duodecim sunt, qui
cum expensis episcopi facere debent pelles et pellicia, quantum episcopus habuerit necesse.
Horum materiam magister pellificum, assumptis secum quotquot fuerint necessarii de his
duodecim, emet de argento episcopi vel Maguntie vel Colonie.*

Auch St. Gallen lässt gelegentlich in Mainz den Wollstoff für die Tuniken der
Mönche kaufen. (Eck. cas. 40, S. 144.) Früh berühmt und ein gangbarer Handels-
artikel waren friesische Gewandstoffe; vgl. Inama, S. 305.

107) Eck. cas. 90, S. 331: *dalmatica* u. *subtile paene aurea;* vgl. Du C. III, 4:
dalmatica, vestis sic dicta, quod in Dalmatia primum sit reperta; VII, 641: *subtile, vestis
subdiaconorum, quae et stricta tunica dicitur;* Otte Handb. I, 266, Fig. 102, 8; 101b.
Eine Dalmatika lässt der Bischof von Augsburg 972 *de froco matronae* machen. (Mi.
Ou. 20, SS. IV, 422.)

108) Du C. IV, 262: *humerale-idem quod amictus vel superhumerale, vestis clericalis;*
Otte Handb. I, 266, Fig. 102, 1.

109) *alba, camisia:* Eck. cas. 125, S. 406; Tietm. VIII, 25, S. 208; Otte Handb.
I, 266, Fig. 102, 3; über die Albe der Täuflinge vgl. Rich. II, 102, S. 86.

schenkte, sah man eine Darstellung der Hochzeit des Merkur mit der Philologie, nach der Schilderung des Martianus Capella[110]). Zur Albe gehört der Gürtel, der das weite Gewand über den Hüften zusammenschnürt, damit es beim Gehen nicht hinderlich sei. Auch er bot Raum für mancherlei Verzierungen[111]).

Die Stola besteht aus einem langen, schmalen Streifen, der, über die Schultern gelegt, vorn auf der Albe bis über die Kniee herabhängt.[112]) Ein ganz ähnlicher Schmuck, gleichfalls aus einem verzierten Streifen bestehend, ist der Manipel, der über dem linken Vorderarm getragen wird, ursprünglich ein Linnentuch, dessen sich der Priester zum Abtrocknen des Schweisses bediente, aber schon im 10. Jahrhundert nur noch als Schmuckstück in Gebrauch[113]). Im Freien, etwa bei Prozessionen legte der Geistliche zum Schutze gegen Regen und Wind einen grossen, mit einer Kapuze versehenen Mantel, das Pluviale, an[114]). Bischof Ulrich von Augsburg besass ein derartiges Schutzkleid, auf dessen Seidengewebe Adlerbilder angebracht waren[115]). Später gegen Ende des 12. Jahrhunderts wandelte man das Pluviale zu einem kirchlichen Festgewande um.

Als Abzeichen der erzbischöflichen Würde galt das vom Papste verliehene Pallium, ein breites Band aus weisser Wolle, das, die Schultern umgebend, vorn und hinten niederfällt[116]). Ausserhalb der Diöcese durfte der Erzbischof dasselbe nicht anlegen. Doch wurde Bruno von Köln „wider die Gewohnheit" das Recht zugestanden, „das Pallium zu tragen, wann immer er wollte"[117]).

Das Abzeichen des Bischofs im besonderen ist der Krummstab, mit dem er die *cura pastoralis* erhält[118]). Schon früh wurde bei der Herstellung dieser Stäbe vom Kunsthandwerk Vorzügliches geleistet. Mit einem kostbaren Bischofsstabe aus Ebenholz beschenkte Otto I. den Bischof Landward von Minden[119]). Der Ring des Bischofs, in der Regel am vierten

---

110) Eck. cas. 90, S. 330/331.
111) Vb. S. 15: *alba cum cingulo-auro perfecta.*
112) Vb. S. 15; Eck. cas. 2, 90, S. 10, 330; vgl. Weiss, S. 668/669; Otte Handb. I, 266, Fig. 102, 6.
113) *mappula;* Vb. S. 15; Otte Handb. I, 266, Fig. 102, 7.
114) Br. 49; Eck. cas. 90, S. 330: *cappa.*
115) Eck. cas. 59, S. 219: *cappa aquilifera.*
116) Vgl. H.-A. I, Taf. 36, S. 20;
Kraus c. E. Taf. II; Herzog und Plitt, Realencyklopädie für protestantische Theologie und Kirche, XI, 1883, S. 176/177.
117) Sämtliche Messgewänder sowie die Stoffbekleidungen des Altars fasst man unter dem Namen Paramente zusammen; vgl. Eck. cas. 90, 330: *paraturae;* Ahd. Gl. S. 57: *De ornatu ecclesiae;* Schl. Gl. (ZfdA. V, 357.)
118) *ferula pastoralis;* vgl. Tietm. VIII, 52, S. 225; Eck. cas. 86, S. 306; 130, S. 419; Du C. III, 450; Otte Handb. I, 266, Fig. 101 i; H.-A. I, Taf. 27.
119) Erhard, Regesta hist. Westf. I, 130.

Finger der rechten Hand getragen, bestand aus einem einfachen Goldreifen, in den ein Edelstein eingelassen war[120]).

Es erübrigt noch, kurz auf die Tracht der Mönche einzugehen. Ihr Hauptkleidungsstück war die Tunika, ein weiter, bis auf die Füsse reichender Rock mit weiten Ärmeln, den man um die Hüften mit einem Gürtel aufschürzte[121]). Meist war sie aus Leinen, häufig auch aus Wollstoff gewebt[122]). Über der Tunika wurde die eigentliche Mönchskutte getragen, ebenfalls ein weites Gewand, dessen Ärmel nicht eng anschlossen, zugleich verbunden mit einer ringsum schliessenden, zugespitzten Kopfbedeckung, dem *caputium*[123]). Ein über die Schultern gelegter ärmelloser Überrock war das *scapulare*, das auch als *pallium* bezeichnet wird.[124]) Den Klosterschülern diente ein kleiner Mantel als Schutzkleid gegen Wind und Wetter[125]). Als Farbe der Gewänder war bei den Benediktinern schwarz die Regel,[126]) und nur in einem solchen Mönchshabit durfte ein Fremder das Kloster betreten. Grosse Aufregung rief es in St. Gallen hervor, als Bischof Salomon von Konstanz in der bequemen weissen Tracht der Weltgeistlichen[127]) sich in das Heiligtum einschlich. Gleichwohl hatten die Brüder auch an prächtigen und bunten Stoffen ihre Freude[128]). So verschmähten z. B. die St. Galler keineswegs die Gewänder von tyrischem Purpurgewebe, die ihnen Bischof Adalbero von Augsburg bei seiner Anwesenheit im Kloster (908) überwies[129]). Noch verschiedene andere Kleidungsstücke spendete damals dieser freigebige Freund des heiligen Gallus den Jüngern desselben: kleine Pallien von grünem Stoffe, Glanzleinwand, feine Hemden, weisse wollene Röcke, mit Brokatwerk gewobene Überziehgewänder, endlich auch grobes, zottiges Wollenzeug[130]). —

---

120) Vgl. Tietm. VII, 6, S. 173.

121) Eck. cas. 10, 40, 57, 133, S. 36, 144, 214, 424.

122) Eck. cas. 40, 144: *pro pannis laneis emendis, quos sericales vocant aut tunicas.*

123) *cuculla, cappa, roccus*; vgl. Ep. A. 19, SS. IV, 644; Eck. cas. 3, S. 15; 5, S. 19; 59, S. 220; 125, S. 407; 142, S. 442; Du C. II, 137.

124) Eck. cas. 109, S. 375.

125) Eck. cas. 58, 216: *cappula.*

126) J. G. 131, SS. IV. 375.

127) *lineus*, vgl. Eck. cas. 3, S. 14; 5, S. 19: *nimis insolens semper erat et est, praeter monachici nostri habitus, quemquom introire intima nostra, maxime noctibus*; vgl. 6, S. 26.

128) Die uns bereits bekannte Reimser Synode von 972 musste die übermässige Pracht rügen, welche die Mönche hinsichtlich der Farbe ihrer Kleider entfalteten. (Rich. III, 38, S. 98.) Ebenso tadelt Egbert von Lüttich den Kleiderluxus der Klostergeistlichen, besonders ihre langen Schleppen, die wie Pfauenschwänze den Boden fegen:

  Pauorum caudis uisuntur verrere terram,
  Longa trahunt fratres indignis syrmata nugis. (Fec. 399, S. 87.)

129) Vb. S. 15; vgl. Eck. cas. 75, S. 267: *purpura magni pretii.*

130) Vb. S. 15; *palliola viridia cum camisilibus seu glizis; camisile subtile ac grande; sagum laneum album; lena opere plumario contexta; chozzo.* (Du C. II, 604.)

Als Aufbewahrungsort der Kleider wird für das Kloster Gorze eine besondere Kleiderkammer erwähnt.[131]

Gleichzeitige bildliche Darstellungen von Mönchen finden sich in dem Stuttgarter Psalter und in dem von Otto III. dem Aachener Dom geschenkten Evangelienbuche.[132]

131) J. G. 75, SS. IV, 358: *vestiarium sive camera fratrum.*
132) H.-A. I, Taf. 26, 35; S. 16, 20.

Zweiter Abschnitt.

Lebensweise und Lebensformen.

———

Erstes Kapitel.

Unterhaltungen.

Nach der Betrachtung des äusseren Lebensapparates kommen wir nunmehr zu den Menschen jener fernen Vergangenheit und versuchen, soweit es denn möglich ist, darzulegen, wie sich ihr Leben gestaltete[1]). Unsere Kenntnis davon muss indessen wiederum eine sehr einseitige bleiben, da die in den Quellen gebotenen Nachrichten sich durchweg nur auf die besseren Stände beziehen. Das Treiben der gewöhnlichen Leute, des Volkes im besonderen Sinne des Wortes, entzieht sich vollständig unserem Gesichtskreise.

In der Reihe der Unterhaltungen, welche der Tag dem einzelnen brachte, spielte das Baden eine wichtige Rolle[2]). Ein Bad pflegte in der Regel das erste zu sein, was man dem von der Reise kommenden Gastfreunde zur Erfrischung gewährte[3]). Wie in den Klöstern[4]), so befand sich auch in vielen Privathäusern ein besonderes Badegemach, das ausser der Wanne häufig zugleich einen heizbaren Kessel enthielt[5]). Wem eine Badegelegenheit im eigenen Heim fehlte, der besuchte, „um sich die Haut weiss und glänzend zu erhalten," die öffentlichen Bäder[6]). Viele badeten auch im Freien, im klaren Wasser der Flüsse und Seen[7]). Völlige Verzichtleistung auf den Genuss des Bades galt als wesentliches Zeugnis der

---

1) Vgl. Gerdes, S. 420—429.
2) Vgl. G. Zappert, Über das Badewesen mittelalterlicher und späterer Zeit. (Archiv für Kunde östreichischer Geschichtsquellen XXI, 1859, S. 3—166.)
3) Eck. cas. 18, S. 72; 84, S. 302.
4) J. G. 63, 78, SS. IV, 354, 359.
5) Eck. cas. 88, S, 314: *haustamque de lebete ferventi lavacro infudit aquam.*
6) Br. 30.
7) Tietm. III, 7, S. 52.

Enthaltsamkeit, wie sie von manchen immer, von anderen nur zeitweilig, etwa während der grossen Fasten geübt wurde[8]).

Eine der liebsten Beschäftigungen des Mannes war die Jagd[9]). Uralt ist ja die Lust des Germanen am edlen Waidwerk; auch unter den sächsischen Königen haben die deutschen Wälder manch' fröhliches Treiben gesehen. Die Herrscher selbst waren leidenschaftliche Jäger. Heinrich I. vermochte auf einem Ritt vierzig oder noch mehr Stück Wildes zu erlegen[10]). Nicht minder häufig suchte Otto der Grosse Erholung und Stärkung in den Freuden der Jagd[11]). Gern hielt er sich zu dem Zwecke im Harze auf[12]). Heinrich II. jagte 1003 in den Jagdgründen des Spessart[13]). Manchen Kirchen und Klöstern verliehen die Könige ein reiches Jagdgebiet[14]). Die oberste Verwaltung des Wildbannes lag meist in den Händen eines Forstmeisters oder Forstgrafen[15]).

Spiess und Bogen waren die Waffen des Jägers[16]); zur vollständigen Ausrüstung gehörte noch das Horn[17]). Jagdhunde spürten die Fährte des Wildes auf[18]). Besondere hohe Gehege zum Einfangen desselben legte Markgraf Eckehard von Meissen (1018) an. Er liess Pfähle in den Boden rammen, um die herum grosse, durch Stricke festgehaltene Netze gespannt wurden[19]). Als beste Jagdzeit galt der Herbst, wie aus mehreren Angaben zu erschliessen ist[20]). Eine beliebte Jagdbeute war vor allem der Hirsch[21]). Ausserdem aber stellte man, was für Alemannien sicher belegt ist[22]), den Hasen, Rehen, Wildschweinen, Steinböcken und Bären[23]) nach. Dazu kamen Wisent und Urochs, ferner das wilde Pferd[24]), Gemse

---

8) V. Ou. 4, SS. IV, 392; Eck. cas. 30, S. 116.
9) Vgl. Tietm. VI, 15, S. 142: *alter vero, qui ob assiduum venationis exercitium indomitus Tommo vocabatur.*
10) Wid I, 39..
11) Wid. II, 36, 40; III, 40; C. R. z. J. 964, SS. I, 627; Tietm. II, 4, S. 20.
12) V. M. 7, SS. X, 577.
13) Tietm. V, 39, S. 129: *laborem expeditionis delinivit suavitate venationis.*
14) Nrh. Ub. I, 69, 114, 973; 79, 127, 996.
15) Mrh. Ub. I, 252, v. J. 979: *magister forestarius, forestariorum, comes forestarius.*
16) Eck. cas. 48, S. 177; Tietm. VIII, 14, S. 201.
17) *cornu, tuba;* vgl. Walth. 492; Mi. W. 17, SS. IV, 227; Lindenschmit a. a. O. S. 272 ff; M. Jähns, Handbuch einer Geschichte des Kriegswesens, 1880, S. 435.
18) Walth. 491; Eck. cas. 48, S. 177/178; Tietm. VIII, 28, S. 210; P. L. 132, 188 (de ecclesiasticis disciplinis), Frage 24: *si canum aut avium iocis deserviat;* vgl. V. Ou. 6, SS. IV, 395; v. Maurer, Geschichte der Fronhöfe I, S. 200/201.
19) Tietm. IX, 21, S. 251: *arduae munitiones ad capiendas feras;* S. 252: *opus laqueis et retibus magnis firmatum.*
20) C. R. z. J. 964, SS. I, 627; Tietm. V, 39, S. 129.
21) Nrh. Ub. I, 69, 114, 973.
22) Eck. ben. 119—135, S. 110/111.
23) Eck. cas. 21, 48, S. 81, 177/178; vgl. Walth. 1337, 1436.
24) Eck. ben. 127; *equus feralis;* es können auch verwilderte, frei auf den Alpen herumlaufende Pferde gemeint sein. Das Christentum verdrängte und verbot die altgermanische Sitte, Pferdefleisch zu essen. (Vgl. Eck cas. 105, S. 369.)

und Murmeltier. Den Wildreichtum des Wasgenwaldes rühmt der Dichter des Walthariliedes[25]). Ebendort hausten gefährliche Schlangen[26]). Auch Wölfe machten manche Gegend des deutschen Landes unsicher. Ihrer suchte man natürlich mit allen Mitteln habhaft zu werden[27]).

Die Stossjagd auf kleine Vögel mittelst des Falken wurde im Mittelalter für besonders vornehm gehalten. Kaiser Otto I. belustigte sich mit Vorliebe daran. Auch Cleriker liessen sich gelegentlich dazu verleiten, obwohl sie damit eine *abominatio Christi* begingen[28]). Ausserdem betrieb man den Vogelfang mit Leimruten, gespaltenen Hölzern oder Schlingen[29]).

Doch nicht nur als Jagdbeute wurden die Tiere geschätzt, sondern auch um ihrer selbst willen. Die Menschen hatten ihre Freude daran, sie zu beobachten und für sie zu sorgen. Auf diese Tierliebhaberei sei hier noch mit wenigen Worten hingewiesen[30]). Otto der Grosse besass geradezu Tiergärten, in denen die fremdländischen Kreaturen, die ihm auswärtige Fürsten neben anderen Geschenken vielfach übersandten, sicher untergebracht wurden[31]). Da konnten die Sachsen Zwei- und Vierfüssler bewundern, die ihre Augen bislang nicht geschaut hatten. In festen Käfigen wanderte der Löwe umher, Kamel und Strauss waren vertreten, dazu der possierliche Affe[32]). Hunde zu halten, war wohl eine verbreitete Sitte[33]). Im Kloster zu Quedlinburg befand sich eine dort zahm gemachte Hirschkuh[34]); und eine Nonne in Homburg an der Unstrut hatte ihr Herz einer Eselin zugewandt. Eigenhändig führte sie dieselbe auf die Weide und pflegte sie sorgsam. Gross war daher ihr Schmerz, als der Gegenstand ihrer altjüngferlichen Neigung eines Tages einem gierigen Wolfe zum Opfer fiel[35]). Die Königin Mathilde streute den Vögeln Futter hin[36]). Dieselbe Fürsorge für die kleinen gefiederten Gäste bewies der Graf Ansfrid von Löwen, der noch im hohen Alter in Utrecht Mönch wurde († 1010). Zur Winterszeit liess er ihnen Gefässe mit Körnern in die

---

25) Walth. 490;

26) Eck. cas. 78, S. 275.

27) Mi. W. 17. SS. IV, 227; Tietm. IX, 29, S. 256; vgl. Eck. cas. 48, S. 178.

28) Eck. cas. 135, S. 429/430, n. 1580; Tietm. IV. 31, S. 82; VII, 36, S. 189; vgl. Wid. I, 10.

29) Walth. 421; Eck. ben. 92, 93, S. 109.

30) Vgl. A. Kaufmann, Über Tierliebhaberei im Mittelalter. (Historisches Jahrbuch der Görresgesellschaft V, 1884, S. 399 ff.)

31) Li. Leg. 37, SS. III, 355: *brolia;* vgl. Du C. I, 755: *silva muris aut sepibus cincta.*

32) Wid. III, 56; Eck, cas. 50, S. 187; Tietm. IV, 9, S. 69.

33) Tietm. I, 27, S. 16/17; IV, 34, S. 83; vgl. Li. A. III, 23, SS. III, 307. Im übrigen galt der Hund als ein niedriges Tier. Das Tragen von Hunden war eine alte Strafe für Friedensbrecher. (Wid. II, 6; vgl. R. A. 715—718.)

34) V. M. 12, SS. X, 579.

35) Vgl. das Gedicht Alfrâd (M. S. DM. XXIV, S. 38). Dasselbe mag frei erfunden sein, oder, was wahrscheinlich ist, auf einer thatsächlichen Begebenheit beruhen, jedenfalls spricht es dafür, dass ähnliche Fälle nicht vereinzelt vorkamen.

36) Tietm. I, 21, S. 13.

Bäume setzen[37]). Auch abgerichtete Sprechvögel, die allerlei zum besten geben konnten, hielt man sich[38]).

Unter den weiteren Genüssen des Tages sind die Mahlzeiten und Gelage hervorzuheben. Ihnen waren die Menschen noch zu keiner Zeit abgeneigt, und es ist wohl nicht blosser Zufall, dass die gegen alles sonstige irdische Wesen so feindlich gesinnten Verfasser unserer Quellen von Schmausen und Trinken gar häufig erzählen. Jedes einigermassen wichtige Ereignis, weltliche und kirchliche Festtage, die Wahl eines neuen Bischofs, die Einweihung eines Gotteshauses oder Klosters, alles dies wurde auch durch ein entsprechendes Festmahl gefeiert[39]). Nicht zum wenigsten waren es die Herren vom geistlichen Stande, die sich bei solchen Gelegenheiten für das Fasten und die Kasteiungen anderer Tage reichlich zu entschädigen wussten. — Es ist Ostersonntag; Bischof Ulrich von Augsburg kehrt nach Beendigung des Gottesdienstes mit den Domherren, der Geistlichkeit von St. Afra sowie den übrigen Geladenen zur Festtafel in seinen Palast zurück. Im Speisesaal nimmt man an drei glänzend gedeckten Tischen Platz. Nachdem der Bischof den Tischsegen gesprochen und das zuvor bei der Messe geweihte Osterlamm unter die Anwesenden verteilt hat, beginnt das Mahl. Zur Erhöhung der fröhlichen Stimmung erscheinen alsbald zahlreiche Spielleute, die allerlei Weisen vortragen[40]). Inzwischen kredenzen die Schenken den Wein, die Geistlichen singen ein Responsorium von der Auferstehung. Man bleibt zusammen, bis es Zeit wird, sich zur Vesper zu rüsten. Nach derselben aber beginnt die Lustbarkeit bei den Freuden des Bechers aufs neue[41]). — Ähnlich mag es oftmals zugegangen sein. Allgemein herrschte zur Zeit Ottos I. in den höheren Kreisen ein üppiges Wohlleben[42]); Vergnügungen aller Art waren an der Tagesordnung, sodass Männer wie Bruno von Köln wiederholt gegen den verschwenderischen Aufwand eiferten[43]). Die Festlichkeiten bei Hofe zeichneten sich naturgemäss durch hervorragenden

---

37) Tietm. IV, 36, S. 84.

38) Egbert von Lüttich klagt über diese unnütze Sitte; vgl. Fec. 67, S. 18: *Qui picas fovere, habeant, quod dicere nolo*; 1109—1113, S. 170/171:

> *De passeribus.*
> *Audivi corvum plus iusto dicere „Cobbo";*
> *Mira dei nutu natura est dives in actu:*
> *Prodocet altilia effari dux famina verbi,*
> *Ventris amore „Pater noster" studet edere passer*
> *Ac plures inconcessas formare loquelas.*

39) Br. 42; Tietm. IV, 16, S. 74; VI, 40, S. 158; VII, 8, S. 174; VIII, 53, S. 225.

40) *symphoniaci venerunt — et tres modos symphonizando perfecerunt.*

41) V. Ou. 4, SS. IV, 393.

42) Über die Sitte des Mittagsschläfchens vgl. Br. 8: — *post epulas, cum alii, et maiores etiam ut accepimus, paulo agunt remissius.*

43) Br. 21; vgl. 29: *regifici luxus et consuetae, hoc praesertim tempore, potentibus iocorum et voluptatum illecebrae.*

Glanz aus[44]). Stets wurden dafür umfassende Vorbereitungen getroffen, und sämtliche Beamte, Angestellte und Diener in Thätigkeit gesetzt, um alles würdig herzurichten[45]).

Bei Tische liebte man, wie schon erwähnt, Unterhaltung durch Spiel und Gesang. Fahrende Musikanten, Gaukler und Possenreisser traten auf, um durch ihre Leistungen die Stunden des Mahles zu würzen[46]). Oft pflegten sie sich schon durch ihre bunte und auffallende Tracht als Lustigmacher von Beruf anzukündigen[47]). Unzweifelhaft überwog bei ihren Vorträgen das musikalische Element. Die Musik ist ja überhaupt diejenige Kunst, die sich am innigsten mit dem Leben in seinen verschiedensten Gestaltungen berührt, die am unmittelbarsten auf Herz und Gemüt wirkt; sie ist gleichsam die natürlichste, die allgemein menschliche Kunst[48]). Auch im 10. Jahrhundert war ihr Einfluss ein bedeutender. Es sei hier ein kurzer Exkurs über diesen Punkt gestattet.

Ihre Hauptstätte fand die Musik selbstverständlich in der Kirche, wo sie einen wesentlichen Bestandteil des Gottesdienstes bildete. Das Studium derselben zählte daher auch zu den wichtigsten Disciplinen der geistlichen Lehranstalten und galt für unumgänglich notwendig. Hervorragendes leistete auch auf diesem Gebiete das Kloster St. Gallen; ausserdem hatte die Metzer Sängerschule einen guten Ruf[49]). — Unmusikalische Leute müssen um das Jahr 1000 in Schleswig gewohnt haben. „Nie hörte ich hässlicheren Gesang," sagt ein Berichterstatter, „als den der Schleswiger, und er ist ein Gebrumm, das herauskommt aus ihren Kehlen gleich dem Gebell der Hunde, nur noch viehischer als dies[50])."

---

44) Wid. II, 2; II, 15; Tietm. IV, 9, S. 69.

45) Die Ecb. nennt Brotbäcker, Wurststopfer, Haarkräusler, Schenken, Truchsesse, Kammerdiener, Pförtner, Heizer, Feger, Zimmerverzierer, Lichtwarte, Wasserträger und Küchenmeister; vgl. S. 103, v. 567, 568; S. 104, v. 572, 573, 578, 579—581; S. 108, v. 647, 648, 653—655.

46) Wid. I, 23: *mimi*; Schl. Gl. (ZfdA. V, 366): *parasitus, histrio-spiliman*; vgl. V. M. rec. 16, SS. IV, 294: *posthac neminem voluit audire carmina secularia cantantem, nec quemquam videre ludum exercentem.* Derartiger Lieder, wie sie ums Jahr 1000 in Deutschland umgingen, gedenken Eck. cas. 11, S. 47; 50, S. 188; 60, S. 221; vgl. P. L. 132, 190, No. 71: *carmina diabolica;* dazu Wackernagel, Geschichte der deutschen Litteratur, S. 75—77, § 36; Fr. Vogt, Leben und Dichten der deutschen Spielleute im Mittelalter, 1876.

47) Li. Leg. 55, SS. III, 359: — *cum penes nos* — *mandrogerontes his* (orientalische Stoffe) *utantur;* vgl. N. A. IV, 210; Weinh. II, 149, Anm. 5.

48) Eck. cas. 33, S. 127: *Marcellus* — *septem liberales eos (discipulos) duxit ad artes, maxime autem ad musicam. Quae cum ceteris naturalior et, quamvis difficilius apprehensa usu quidem sit iucundior.*

49) Vgl. Wid. III, 74 u. 75; Hr. Pr. 395, 408, S. 353; Ecb. 817 ff., S. 119, S. 45—47; J. G., 20, SS. IV, 342; Eck. cas. 46, S. 162, 163; 47, 168; 56, 208; 66, 239. Tuotilo u. Waltram von St. Gallen, Bernacer von Metz, Bischof Adalbero von Augsburg zeichneten sich als Musiker aus: Eck. cas. 34, S. 128, 130; 37, 137; V. Ou. 1, SS. IV, 386; J. G. 24, SS. IV, 344; vgl. Specht, S. 140—143; P. A. Schubiger, Die Sängerschule St. Gallens vom 8. bis 12. Jahrhundert. 1858.

50) Jacob, S. 13.

Unter den Musikinstrumenten[51]) lernen wir die Orgel kennen. Ihre Gestalt und Einrichtung wird uns durch eine Miniatur des Stuttgarter Psalters einigermassen veranschaulicht. Sie besteht aus neben einander auf einem Gerüst aufgerichteten Pfeifen. Drei Männer treten den schlauchartigen Blasebalg, den einer an einer Handhabe festhält, um ihn wieder aufzuziehen[52]). Von anderen Blasinstrumenten kommen Rohrpfeifen, Trompeten und einfach gebogene Hörner vor[53]); von Saiteninstrumenten das Psalterium oder die Rotte, ein mindestens zehnsaitiges, drei- oder viereckig umrahmtes Instrument[54]), daneben die mit dem Plektron gespielte Zither, noch ohne Schallloch im Klangboden, in Form eines länglichen, an den vier Ecken abgerundeten, mit einem Hals versehenen Brettchens, das in der Längsrichtung mit vier oder fünf Saiten bespannt ist[55]); von Schlaginstrumenten endlich die Cymbeln, metallene, an langen Stäben befestigte Becken, die durch Schütteln zum Tönen gebracht werden. Sie dienten auch in der Kirche zur Begleitung der Orgel und des Gesanges[56]).

Wir kehren zu unserem eigentlichen Gegenstande, den geselligen Unterhaltungen zurück. Sehr verbreitet war das Brettspiel[57]), mit dem sich z. B. Otto der Grosse in seinen Mussestunden gerne beschäftigte[58]). In eben dieses Spiel vertieft, sollen die beiden Herzöge Eberhard von Franken und Giselbert von Lothringen zur Zeit ihres Aufstandes im Jahre 938 auf dem rechten Rheinufer zurückgeblieben sein, während ihre Truppen den Fluss bereits überschritten hatten[59]).

Auch an ritterlichen Kampfspielen mag man sich belustigt haben[60]).

Über den Tanz, den ja die Germanen von alters her pflegten, erfahren wir aus den Quellen dieser Zeit durchaus nichts[61]).

---

[51]) Vgl. R. v. Rettberg, Zur Geschichte der Musikinstrumente. (Anzeiger für Kunde der d. Vorzeit 1860, Sp. 161/162.)

[52]) H.-A. I, Taf. 28, S. 17; vgl. Br. 13 (*organa*); V. M. 3, SS. X, 576.

[53]) Eck. cas. 34, S. 128 (*fistulae*); 48, 177 (*tubae*); vgl. Ecb. 888/889, S. 126; Walth. 208, 492.

[54]) Eck. cas. 38, S. 139; 46, 162; vgl. Weiss, S. 847; Notker, zu Psalm 91, 2: *psalterium, rotta, ist genus organi, ein sluhta orginsangis, so also seitspil ist, daz ruôret man mit handen.* (Piper, Die Schriften Notkers II, S. 388.)

[55]) H.-A. I, Taf. 28.

[56]) H.-A. I, Taf. 28; Br. 13.

[57]) Eck. cas. 23, S. 95. Würfelspiel, *ludus aleae* bei Li. Hist. 10, SS. III, 343.

[58]) Wid. II, 36.

[59]) Eck. cas. 50, S. 186.

[60]) Bestimmte Belege fehlen; doch ist wohl Tietm. IV, 21, S. 76: (*comes) post matutinam cum suis militibus ludens*, in diesem Sinne zu deuten.

[61]) Eine mit einem Shawl bekleidete, tanzende Figur aus dem Stuttgarter Psalter siehe b. H.-A. I, Taf. 28. Zu vgl. ist Franz Böhme, Geschichte des Tanzes in Deutschland, 2 Bde., 1886; Beschreibung eines süddeutschen Tanzes aus der ersten Hälfte des 11. Jahrhunderts im Rudlieb (VIII, 43—55).

Zweites Kapitel.
Reisen, Verkehr, Gastlichkeit, Umgangsformen.

Wer reiste im 10. Jahrhundert und wie reiste man? Auf diese beiden Fragen versuchen wir zunächst Antwort zu geben. Vergnügungs-reisen im heutigen Sinne des Wortes, bei denen der Zweck der Reise eben diese selbst ist, gab es damals schwerlich. Höchstens die Jagdreisen der Kaiser könnte man als solche bezeichnen. Im übrigen folgte, wer eine Reise antrat, dem Gebote der Pflicht, er reiste in Geschäften dieser und jener Art, allen voran der Landesherr selbst. Unablässig durchzog er die Gaue seines Reiches nach Nord und Süd, nach Ost und West. Aus der politischen Geschichte ist zur Genüge bekannt, welch' ein unstetes Wanderleben die Ottonen führten, und mit ihnen alle, die zu ihrem Hof und Tross gehörten. Wo der Kaiser erschien, ward ihm ein festlicher Empfang zu teil, die Menge strömte zusammen und brachte ihm ihre Huldigungen dar. Dieselben steigerten sich und lauter Jubel begrüsste den Herrscher, wenn er aus fremdem Lande glücklich heimkehrte.[1] Nicht minder häufig als die weltlichen Grossen waren die Kirchen-fürsten, Erzbischöfe und Bischöfe unterwegs. Schon die mannigfachen Be-ziehungen, in denen viele unter ihnen zum Hofe standen, brachten dies ganz von selbst mit sich. Andererseits riefen Visitationsreisen sie gar oft aus dem eigenen Heim in die verschiedenen Ortschaften ihres Sprengels. Auch sie wurden überall mit den gebührenden Feierlichkeiten empfangen, und Neugierige liefen von allen Seiten herbei. Zu einem wichtigen Ereignis gestaltete sich stets die Reise und der Empfang eines neugewählten geistlichen Oberhauptes, zumal wenn die betreffende Persönlichkeit dem Volke schon wohl bekannt und lieb war. Den glänzenden Einzug, den im Jahre 953 Erzbischof Bruno zu Köln hielt, und die begeisterten Kund-gebungen der Bewohner bei dieser Gelegenheit schildert sein Biograph mit folgenden Worten: *factus est concursus ingens populi, infinita trepidatio vulgi, novis gaudiis exultavit civitas. clerus ex monasteriis convenit, sanctimonialium multitudo concurrit, conditio quaelibet et sexus uterque plus solito ad gaudia convenerunt*[2].

Ein grosser Teil der Reisenden, die in jener frühen Zeit die deutschen Landstrassen belebten, gehörte dem Kaufmannsstande an[3]. Ganze Waren-züge oder auch einzelne Händler mit ihren Saumtieren kamen des Weges daher. In der Nähe einer grösseren Stadt, wo viele zusammentrafen, herrschte oftmals reges Leben und Treiben. Denn der Handel hatte unter

---

1) Hr. G. 769, S. 332.
2) Br. 13; vgl. 21: *innovatum est gaudium plebis;* über die Rückkehr des Bischofs Bernward von Hildesheim aus Rom im Jahre 1001 Th. B. 27, SS. IV, 771.
3) Wid. III, 64: *emptor preteriens;* W. Ub. I, 213, 184, 960: *itinerantes emptores* in Chur; Erk. P. L. 137, 590, LI: *quicunque mercator transierit in hanc civitatem* (Strassburg) *cum soumis suis, si nihil vendiderit vel emerit, nullum theloneum dabit.*

den Ottonen einen bedeutenden Aufschwung genommen, neue Gebiete,
wie die Slavenlande, waren ihm erschlossen worden, mit Italien bestand
ein lebhafter Verkehr[4]), selbst bis in den Orient reichten die Beziehungen
deutscher Kaufleute[5]). Unter ihnen gab es reiche und hoch angesehene
Männer, wie den Mainzer Grosskaufmann Liutfrid, den Otto der Grosse
949 mit einer Gesandtschaft nach Konstantinopel betraute[6]). Zahlreichen
Städten und Ortschaften wurde das Markt- und Münzrecht von den
Königen verliehen. An der Elbe war Magdeburg, an der Donau Regensburg, am Rhein Mainz der Haupthandelsplatz. Der Rhein bis zum
Bodensee bildete die Hauptverkehrsstrasse nach Italien. Von Rorschach
aus führte dieselbe weiter nach Chur, über den Septimer, berührte Chia-
venna und folgte schliesslich dem Comersee[7]).

Neben dem seinen weltlichen Geschäften nachgehenden Kaufmann
begegnen wir ferner zahlreichen Leuten, die um eines höheren Zweckes
willen, zum Heil ihrer Seele, sich auf die Wanderschaft begeben haben.
Fromme Pilger und Wallfahrer sind es, die zum Grabe eines Heiligen,
zum Sitze des Erzbischofes oder gar zum heiligen Vater gen Rom ziehen.
Sie geben der Landstrasse ein besonderes Gepräge; wir sehen in ihnen
ein Zeichen der Zeit, ein Zeichen der streng kirchlichen und tief religiösen
Gesinnung, die damals die Gemüter von Tausenden beseelte. Einfach
war ihre Tracht, ähnlich derjenigen der Mönche. Auf dem Nacken trugen
sie einen Sack oder eine Tasche, einen eisenbeschlagenen Stab in der
Hand. So schildert Richer den *habitus peregrinus*[8]). Wallfahrten nach
Rom gehörten nicht zu den Seltenheiten[9]). Immer wieder wurden sie
unternommen trotz der weiten, beschwerlichen Reise und der mancherlei
Gefahren des Weges, auch ohne Furcht vor dem Klima Italiens, das
manchem Fremdling Krankheit und schnellen Tod brachte. Viel Ungemach

---

4) Eck. cas. 22, S. 89: *mercatores ab Italia redeuntes*, vgl. n. 299; S. G. Ub. III,
16, 796, 947: *Rorscaha — mercatum ibi haberi ad Italiam proficiscentibus vel Romam
pergentibus esse commodum*; Dümmler, Geschichte des ostfränkischen Reiches III, S. 4—8.
5) Über die Kaufleute vgl. Inama, S. 374 ff.
6) Li. A. VI, 4, SS. III, 337/338; über die Strassburger Kaufleute Erk. P. L.
137, 594, LXXXVIII: *ad ius episcopi pertinet, ut de hac civitate habeat viginti quatuor legatos, et hos tantum de genere mercatorum. Quorum officium est, infra episcopatum
tantum facere legationes episcopi ad homines suos*; über den Handelsverkehr von Verdun,
besonders mit Spanien Li. A. VI, 6, SS. III, 338; J. G. 117, SS. IV, 370; Rich. III,
103, S. 125; über Handel und Märkte im allgemeinen Inama, S. 363 ff.; 370, 373;
Gerdes, S. 388 ff.
7) Vgl. W. Heyd, Geschichte des Levantehandels im Mittelalter, 1879, I, S. 90/91;
Eck. cas. 8, S. 30 spricht von 3 Wegen, die von St. Gallen nach Verona führen.
8) Rich. II, 57, S. 67: *sportulis itaque ab humero dependentibus, ferratis baculis
procedunt*; vgl. Eck. cas. 8, S. 30: *peregrinos se habitu et verbis simulent*; 45, S. 158;
P. Ad. 3, SS. XV, 707: *pera*, Ranzen, Quersack; vgl. Li. A. I, 27, SS. III, 282;
Tietm. III, 12, S. 55; Ecb. 335, S. 90: *capsidile*, Tasche. Geld führte man in kleinen
Taschen mit sich: Eck. cas. 143, S. 444: *sacculi*.
9) Eck. cas. 80, S. 281, n. 951; Hr. Pr. 126, S. 344.

hatten die Pilger von Räubern und Wegelagerern zu erdulden, nicht
wenige wurden ihrer geringen Habseligkeiten oder gar ihres Lebens
beraubt[10]). Besonders unsicher waren um die Mitte des Jahrhunderts die
Alpen, wo damals die Sarazenen ein solches Unwesen trieben, dass sich
niemand mehr des Weges getraute[11]). Die Dauer einer Reise nach Rom
richtete sich nach den jedesmaligen Umständen. Bernward von Hildesheim
verliess seine Heimatstadt am 2. November 1000 und erreichte, „da alles
nach Wunsch ging,“ die päpstliche Residenz bereits am 4. Januar des
folgenden Jahres[12]). Staunenerregend erscheint die Schnelligkeit der
Reisen Ottos I. Im Sommer 951 rüstete er zum ersten Zuge über die
Alpen, zog über den Brenner und rückte bereits am 23. September in
Pavia ein. Die Rückkehr aus Italien wurde Anfang Februar angetreten.
Am 26. dieses Monats befindet sich der Kaiser in Como, am 1. März zu
Zürich und schon um die Mitte des April zu Pölde am Harz.

    Wie schon kurz erwähnt, kannte die damalige Zeit keine Reisen, die
dem Vergnügen oder der Erholung dienten. In wie weit einzelne
bedeutender angelegte Naturen das Reisen als Bildungsmittel geschätzt
und vielleicht auch durchgeführt haben, muss dahin gestellt bleiben: die
Überlieferung schweigt darüber. Nur von dem St. Galler Tuotilo heisst
es einmal: *multas propter artificia simul et doctrinas peragraverat terras*[13]). Im
allgemeinen wird man sagen dürfen, dass jeder, der nicht aus seinen
vier Pfählen heraus musste, lieber daheim blieb, anstatt sich auf die
Fährlichkeiten einer Reise einzulassen, wieviel des Interessanten — nach
modernen Begriffen — sie ihm auch bieten mochte. Als es sich im
Kloster Gorze einmal darum handelte, unter den Brüdern einen Teil-
nehmer für eine Gesandtschaft nach Spanien zu finden, weigerten
sich alle hartnäckig, kein einziger verspürte Lust, das fremde Land
und seine Eigentümlichkeiten kennen zu lernen[14]). Doch darf uns
dergleichen nicht wunder nehmen. Das Unangenehme, das stets mit einer

---

    10) Wie gross die allgemeine Unsicherheit gewesen sein muss, geht aus der
häufigen Erwähnung von Räubereien und Plünderungen hervor; vgl. C. R. z. J. 920,
SS. I, 615; Wid. II, 36; V. M. 8, SS. X, 578; J. G. 105, 107, SS. IV, 367; Mi.
W. 16, SS. IV, 227; Alp. I, 11, S. 15; Eck. cas. 40, S. 146; Tietm. VIII, 51,
S. 224; IX, 19, S. 250; Mrh. Ub. I, 282, 225, 966; Seeräuber: Tietm. IV, 23—25,
S. 77—79; IX, 27, S. 255; Strafe der Räuber war der Tod durch Hängen; vgl. Ecb.
312, 313, S. 89.
    11) Flod. z. J. 929, SS. III, 378: *viae Alpium a Sarracenis obsessae, a quibus
multi Romam proficisci volentes, impediti revertuntur;* vgl. z. J. 936, 939, 940, SS. III,
383, 386, 388; z. J. 951, SS. III, 401: *Sarraceni meatum Alpium obsidentes a viato-
ribus Romam petentibus tributum accipiunt et sic eos transire permittunt.* Vgl. F. Keller,
Der Einfall der Sarazenen in die Schweiz um die Mitte des 10. Jahrhunderts. (Mitteil.
der Züricher antiqu. Gesellsch. XI, 1. Heft, S. 1—32.)
    12) Th. B. 19, SS. IV, 767.
    13) Eck. cas. 39, S. 143.
    14) J. G. 117, SS. IV, 370.

solchen Fahrt verbunden war, liess die Annehmlichkeiten, wenn man sich solche überhaupt versprach, durchaus in den Hintergrund treten. Ausserdem aber fehlte, wie es scheint, den Menschen des frühen Mittelalters etwas, was uns in hohem Grade eigen ist, die leidenschaftliche Natursehnsucht und begeisterte Empfindung für Naturschönheit, wie und wo sich dieselbe immer offenbaren möge. Der Wanderer, dessen Auge vor 900 Jahren die Wunder der Alpenwelt anschaute, er träumte sich nicht hinein in die Gefühle, die in uns wach werden beim Anblick dieses erhabenen Bildes, er klagte höchstens über die Mühen des Weges und den Mangel einer Herberge; und wenn wir heutzutage nicht müde werden, den Zauber der italienischen Landschaft immer wieder auf uns wirken zu lassen, dem damaligen Durchschnittsmenschen blieb dies alles fremd. Jedenfalls bietet uns kein Schriftsteller auch nur an einer einzigen Stelle irgend welchen Anhalt, der uns auf etwas Derartiges schliessen liesse. Im Gegenteil einer der namhaftesten, Tietmar von Merseburg, stellt den *Alpinae difficultates* die *serenitates* des deutschen Landes gegenüber und äussert im Hinblick auf Italien: *aeris huius et habitatorum qualitates nostris non concordant partibus*[15]). Auch der hochbegabte Abt Johannes von Gorze scheint Italien bereist zu haben, ohne einen nachhaltigen Eindruck von der ihn umgebenden Pracht zu empfangen. Doch wissen wir, dass wenigstens eins seine Aufmerksamkeit in hohem Masse erregte — der unablässig rauchende Vesuv[16]).

Doch zurück zu den Reisenden selbst. Wir erblicken unter ihnen noch mancherlei andere Gestalten, Gesandte und Boten, die im Dienste grosser Herren wichtige Nachrichten übermittelten und in dringenden Fällen oftmals Tag und Nacht unterwegs waren[17]); endlich die Menge des fahrenden Volkes, Spielleute, Bettler und Landstreicher, die auf gut Glück heimatlos von Ort zu Ort zogen, dem Zufall vertrauend und der Barmherzigkeit ihrer Mitmenschen.

Die Verkehrsmittel, welche dem Reisenden zu Gebote standen, lassen sich leicht übersehen. Man benutzte Ross, Wagen und Schiff[18]), oder aber die eigenen Füsse. Von Reisen zu Pferde hören wir öfters. Bischof

---

15) Tietm. VIII, 2, S. 194.

16) J. G. 25, SS. IV, 344: *interiora etiam illa marini sinus, quae civitati Neapoli adiacent, servorum Dei habitacula sub nomine sancti Salvatoris, montem Bebium haud procul perpetuo vapore fumantem miratus, penetravit.*

17) Eck. cas. 18, S. 71: *celer praemittitur;* vgl. 19, 73; 20, 76; Waitz Vfg. IV, 23.

18) Vgl. für den Rhein: Wid. II, 26; Alp. I, 16, S. 21; Eck. cas. 24, 50, S. 99, 185; Donau: V. Ou. 17, SS. IV, 406; Fulda: Mi. W. 1, SS. IV, 224; über den Flussverkehr Inama, S. 366; gleichzeitige Abbild. kleinerer Schiffe bei Kraus c. E. Taf. XXIV: Der am Bug mit Schnitzwerk versehene Nachen wird durch zwei Ruder fortbewegt.

Adalbert ritt von Mainz nach Prag[19]). Ebenso legten Johannes von Gorze und seine beiden Begleiter auf ihrer Fahrt nach Cordova eine grosse Wegstrecke reitend zurück. Sie hatten fünf Pferde zur Verfügung, von denen zwei das Gepäck trugen[20]). Ulrich von Augsburg, der seiner Körperschwäche wegen nicht mehr im Sattel zu sitzen vermochte, bediente sich auf seiner Romfahrt einer Art Sänfte, die man zu dem Zwecke auf dem Rücken des Pferdes angebracht hatte[21]). Maultiere und Esel wurden namentlich zum Tragen von Lasten und Gepäckstücken gebraucht[22]).

Mit Wagen erfolgte die Personenbeförderung weit seltener. Meist waren es Kranke oder vornehme Geistliche, welche diese Art des Reisens vorzogen, sei es aus Bequemlichkeit oder aus Gesundheitsrücksichten, wie der Erzbischof Gisiler von Magdeburg[23]). Ebenso reiste Bischof Ulrich von Augsburg stets im Wagen, auf dem man ihm einen besonderen Sitz bereitet hatte[24]). Er that es, wie sein Biograph bemerkt, „um von der Menge getrennt zu sein und nicht durch leere Gespräche mit anderen vom Psalmengesange abgehalten zu werden." Denn — es klingt unglaublich — beständig musste einer seiner Kapellane neben ihm sitzen, mit dem er den ganzen Tag über Psalmen sang. Ausserdem liess er sich überall von etlichen Priestern, Vasallen und einigen auserwählten Dienern begleiten. Letztere hatten die vorgespannten Ochsen zu lenken und für die Sicherheit ihres Herrn zu sorgen. Eine grosse Schar von Armen und Bettlern schloss sich dem Zuge an, teils ihre eigenen Karren, teils die bischöflichen Gepäckwagen benutzend[25]).

Bauart und Einrichtung aller dieser Gefährte wird man sich möglichst einfach zu denken haben. Im allgemeinen werden es gewöhnliche vierrädrige Karren gewesen sein, ohne weitere Ausstattung und Verzierung, bisweilen vielleicht mit einem Schutzdache versehen[26]).

Wer eine weite Reise durch unwirtliche Landstrecken unternahm, versorgte sich vorher mit der nötigen Wegzehrung, die meist wohl in

---

19) V. Ad. 8, SS. IV, 584.
20) J. G. 117, SS. IV, 370: *caballi ad equitandum et sarcinas portandas quinque sunt delegati;* man vermochte in 10 Wochen von Gorze nach Cordova zu gelangen. (J. G. 130, SS. IV, 375.)
21) V. Ou. 21, SS. IV, 407: *in lecto collocatus equis superpositus.*
22) V. Ad. 14, SS. IV, 587; vgl. Li. Leg. 38, SS. III, 355; Eck. cas. 2, S. 10; Erk. P. L. 137, 590, LIV.
23) † 1004; Tietm. V, 39, S. 129.
24) V. Ou. 5, SS. IV, 393: *sedebat itaque in solio super carpentum composito de humerulis plaustri in ferro pendente.*
25) V. Ou. 5, SS. IV, 393.
26) *carpentum* (Du C. II, 182: *vehiculi genus, carrum*); *plaustrum* (Du C. VI, 362: *currus quatuor rotis constans*); *carra* (Mi. Ou. 7, SS. IV, 420); *carrae vehiculum; carruca* (Eck. cas. 88, S. 314, Du C. II, 190: *carruca-rheda, honoratorum vehiculum opertum*); Fec. 25, S. 9: *temo*-Deichsel; vgl. Schl. Gl. ZfdA. V, 361; Weiss, S. 858; Erk. P. L. 137, 598, CXVIII; *de carpentariis* (*carpentarius-holzmeistar,* Schl. Gl. ZfdA. V, 366); Nrh. Ub. I, 62, 106, 964; Mi. Ou. 26, SS. IV, 423: Handkarren.

Brot bestand; doch führte man auch anderen Proviant, etwa Käse und Fische mit sich[27]). In belebteren Gegenden fehlte es nicht an Herbergen, wo gegen Bezahlung Unterkommen, Verpflegung und Futter für die Tiere zu finden war[28]). Auch davon wird berichtet, dass nötigenfalls die Ankunft vieler Gäste vorher angemeldet und die Quartiere im voraus bestellt wurden[29]). War kein Gasthaus zur Stelle, so schlug man sein Nachtlager im Freien auf, womöglich an einem geschützten Platze, unter dem Laubdache des Waldes[30]). Erzbischof Rotbert von Tours, der im Jahre 931 in den Alpen von Räuberhand fiel, hatte für seine Romfahrt mehrere Zelte mitgenommen, in denen er unterwegs mit seinen Begleitern übernachtete[31]).

Die Gastfreundschaft wurde von alters her in deutschen Landen gepflegt. Dem reisenden Fremdling ein offenes Haus und herzliches Willkommen zu bieten, war immer deutscher Brauch[32]). Auch aus unserer Periode gewähren die Quellen hierfür glücklicherweise mancherlei Anhaltspunkte. War der Gast eine hochgestellte Persönlichkeit, so wurden ihm die grössten Ehren erwiesen, und keine Mühe gescheut, ihm jeglichen Wunsch zu erfüllen. König Heinrich I. besuchte im Jahre 931 die Grossen des Frankenlandes. Jeder derselben suchte den anderen zu überbieten durch die glänzende Aufnahme, die er dem königlichen Besucher bereitete. Man veranstaltete üppige Gastereien, und reiche Gastgeschenke wurden in Überfluss gespendet[33]). Für Strassburg erliess Bischof Erkembald besondere Vorschriften über den Empfang und die Verpflegung eines fremden Bischofs und seiner Begleitung[34]). Durch hervorragende Gastfreiheit zeichneten sich stets die Benediktinerklöster aus. Für jedermann, ob hoch, ob niedrig, stand ihre Pforte offen, und

---

27) V. Ad. 27, SS. IV, 593; J. G. 108, SS. IV, 368.

28) V. Ou. 25, SS. IV, 410; Tietm. VIII, 24, S. 207; Eck. cas. 40, S. 144/145; 131, S. 421; vgl. die unmittelbar aus dem Leben gegriffene Scene in Hrotsviths „Abraham", S. 226: Ein Wanderer, der des Weges kommt, geht auf ein Wirtshaus zu und hält mit dem Wirte folgendes Zwiegespräch:

Salve, bone stabularie! —
Quis loquitur? hospes salve! —
Estne apud te locus viatori ad pernoctandum aptus? —
Est plane; nostra hospitiola nulli sunt neganda! —
Laudabile. —
Intra, ut tibi praeparatur coena. —

Tabernae werden noch V. Ou. 6, SS. IV, 395; P. L. 132, 188 erwähnt; vgl. Mi. Ou. 13, SS. IV, 421.

29) Hr. G. 864, S. 336.

30) Tietm. VII, 6, S. 173.

31) Flod. z. J. 931, SS. III, 379.

32) R. A. 399, 400; vgl. Caesar, de bello Gallico VI, 23; Tacitus, Germ. 21.

33) C. R. z. J. 931, SS. I. 617; über den Empfang Herzog Hermanns von Sachsen durch den Erzbischof von Magdeburg vgl. Tietm. II, 28, S. 36.

34) Erk. P. L. 137, 594, XC—XCII.

niemand klopfte vergeblich bei ihnen an. Wenn in St. Gallen der König erschien, wurde er mit eigens zu dem Zwecke verfassten Empfangsgedichten begrüsst, bei seiner Abreise stimmten die Brüder Lobgesänge an[35]). Einem Bischofe ging man mit dem Evangelium entgegen, und dieser küsste das heilige Buch[36]). Die Bischöfe, die 973 im Auftrage Ottos I. das Kloster zwecks einer Besichtigung besuchten, wurden vor allen andern durch einen festlichen Empfang geehrt. Bei ihrer Ankunft singt man ein feierliches Responsorium. Abt Burchard erwartet sie im Sprechzimmer und erhebt sich trotz seiner Schwäche vor den Eintretenden. Die Bischöfe setzen sich, es wird ein bestimmter Abschnitt der Regel verlesen, worauf jene dem Abte und den Mönchen den Kuss bieten. Alsdann heisst der Abt die Gäste willkommen mit den Worten: „Gesegnet seid ihr in dem Herrn,“ und die Brüder fügen hinzu: „welcher Himmel und Erde gemacht hat[37]).“ Eine ähnliche Ceremonie wiederholt sich, als die Fremden das Kloster verlassen. Alle begeben sich gemeinsam in die Kirche, Abt und Mönche verrichten Gebete für die Scheidenden, die ihrerseits den Klosterbewohnern den Segen erteilen und ihnen Geschenke versprechen. Schweigend wechselt man den Abschiedskuss und geht, sich gegenseitig das Beste wünschend, aus einander[38]). Mit nicht geringerer Freundlichkeit und Zuvorkommenheit wurden auch Leute niederen Standes behandelt. Eckehard I. hatte als Dekan einen vom Gesinde dazu ausersehen, allen armen Pilgern, die des Weges zogen, Aufnahme im Hospiz zu gewähren, sie durch ein Bad zu erquicken und mit hinreichender Speise, sowie mit neuen Kleidern, falls sie deren bedurften, zu versehen[39]).

Die Mönche ihrerseits sahen es gerne, wenn ein reicher und vornehmer Gast bei ihnen erschien. Seine Anwesenheit brachte stets einige Abwechselung in das ewige Einerlei des klösterlichen Stilllebens und — der Klosterkost[40]). Unter gewöhnlichen Verhältnissen herrschte die grösste

---

35) Eck. cas. 14, S. 55; 38, S. 140; 146, S. 448; vgl. 19, S. 74.

36) Eck. cas. 74, S. 261. .

37) Eck. cas. 102, S. 362/363.

38) Eck. cas. 113, S. 381; in der Regel wurde dem scheidenden Gaste noch ein Abschiedstrunk gespendet; man trank S. Johannes-Minne, um ihn der Obhut dieses Heiligen zu empfehlen; vgl. Eck. cas. 13, S. 84: *amoreque, ut moris est, osculato et epoto, laetabundi discedunt;* Weinh. II, S. 201; ein Reisesegen in der Fec. 917, S. 153:

> *Christe, salutarem fratrum facias itionem,*
> *Legati ut nobis sua nuntia fausta reportent.*

39) Eck. cas. 88, S. 313; vgl. 137, 434; über Tuotilo von St. Gallen als Gast des St. Albansklosters zu Mainz 40, S. 145/146; ferner J. G. 14, SS. IV, 341.

40) Für die Klosterkost kommt eine Stelle aus dem Gesprächbüchlein des angelsächsischen Benediktiners und nachmaligen Erzbischofs Aelfrik († 1005) in Betracht; (Specht, S. 170/171) Dialog zwischen Lehrer und Schüler:
Lehrer: Was isst Du täglich?
Schüler: Ich esse noch Fleisch, weil ich ein Knabe bin, der unter der Rute steht.

Strenge und Einfachheit. Während der Mahlzeit durfte niemand reden, geschweige .denn lachen; alle mussten andächtig den Worten des zum Vorleser bestimmten Bruders lauschen[41]. Trafen aber Gäste ein, so wurde, ebenso wie an hohen Festtagen, etwas mehr Freiheit gewährt und reichlicher aufgetischt.[42]).

Bei dem Festmahle, welches die St. Galler Weihnachten 911 dem Könige Konrad bereiteten, fanden sogar weltliche Possenreisser und Spielleute Eingang in den geweihten Klosterraum[43]. Manch' armes Mönchlein wird solche Tage in geheimer Freude gepriesen haben, anderen, die, wie Johannes von Gorze den irdischen Genüssen völlig entsagend, Speise und Trank möglichst lange zu entbehren trachteten[44], mögen sie gänzlich gleichgültig gewesen sein.

Auch in privaten Kreisen wurde Gastfreundschaft gern und oft geübt. Bei den Eltern des nachmaligen Bischofs Ulrich von Augsburg kehrte einst zufällig ein fremder Geistlicher ein und bat, man möge ihn für eine Weile beherbergen: ohne weiteres wurde ihm seine Bitte bereitwilligst erfüllt[45]. Bekannte und Verwandte, die einander nahe wohnten, pflegten sich häufig gegenseitig zu besuchen; sie wurden mit Speise und Trank bewirtet und, wenn der Heimweg beschwerlich war, eingeladen, zur Nacht zu bleiben[46]. Nach dem Nachtessen verbrachte man den Rest des Abends bei einem guten Trunke in geselligem Beisammensein[47]. — Eine kulturgeschichtlich höchst interessante, lebensvolle Darstellung der gastlichen Aufnahme eines hohen Geistlichen auf einer Burg verdanken wir Eckehard IV.

Lehrer: Was isst Du ausserdem?
Schüler: Gemüse, Eier, Fische, Käse, Butter, Bohnen.
Lehrer: Und was trinkst Du?
Schüler: Bier, wenn ich es habe und Wasser, wenn ich kein Bier habe. — Sehr häufig und darum sehr ungern gesehen erschienen die Bohnen auf der Mönchstafel, vgl. Ecb. 281—285, S. 87; über den Fleischgenuss Eck. cas. 87, S. 309.

41) Eck. cas. 16, S. 65; 57, 213; 110, 378; Fec. 218, S. 51; über die Aufstellung der Tische im St. Galler Refektorium Eck. cas. 141, S. 440; über verschiedene Einzelheiten des Klosterlebens Ecb. Einl. S. 48—53.

42) Eck. cas. 4, 18; 8, 30; 16, 64; 24, 100; 59, 218; 113, 381; Tietm. VII, 36, S. 189.

43) Eck. cas. 16, S. 65: *saltant satirici* (Du C. VI, 75: *ludiones, histriones, mimi*), *psallunt symphoniaci.*

44) J. G. 27, 92, SS. IV, 344, 363; vgl. Eck. cas. 41, S. 147.

45) V. Ou. 1, SS. IV, 386.

46) J. G. 51, SS. IV, 351: *ex parentibus hic* (ein gewisser Humbertus) *etsi ruralibus non adeo tamen in familiari subtritis, dum adulescens cum eisdem versaretur, quadam forte die, uti se vita illa invicem retinet privatorum, noti aliqui vel affines in domo eorum venerant convivae. Illis ut forte hora tulit, ibi nocte retentis cubitumque petentibus, lanceolas, quas de more baiulantes attulerant feni acervo, quod propter fuerat, verso sursum ferro apponunt.*

47) Th. B. 5, SS. IV, 760.

Auf der Thietpoldsburg[48]) waltet Perchta, die Gemahlin Erchangers von Schwaben. Eines Tages erscheint ein Eilbote bei ihr mit der Nachricht, Bischof Salomon von Konstanz[49]) werde in kurzem bei ihr einkehren. Alsbald trifft die rührige Hausfrau die nötigen Vorkehrungen zum Empfange. Die Schlosskapelle samt dem Altar lässt sie würdig zubereiten, die für den Gast bestimmte Kemenate mit Teppichen und kostbaren Decken an den Wänden und Sitzen ausschmücken. Als die Stunde der Ankunft naht, müssen zwei Priester, die gerade anwesend sind, dem Bischofe mit dem Evangelienbuche entgegengehen; die Burgfrau selbst begrüsst ihn am Thore und bittet, seine Hand ergreifend, um den Segenskuss. Schnell wird ihm ein Bad hergerichtet, durch das er sich nach der Anstrengung des Weges erfrischt. Darauf führt man ihn mit den Priestern zusammen auf sein Zimmer, wohin ihm nach kurzer Frist auch die Wirtin folgt, von einer Dienerin begleitet. Im Verein mit ihrem Gaste nimmt sie nun das Mahl ein, bei dem die Priester dem Bischof auftragen, während jene sich von der Magd bedienen lässt[50]).

Die Gastfreundschaft galt als heilig und unverletzlich, für um so verabscheuenswürdiger daher derjenige, der sie in selbstsüchtiger Weise zum Nachteile des Gastes missbrauchte. Fälle der Art scheinen seltener vorgekommen zu sein. Jedenfalls findet sich für das 10. Jahrhundert nur ein einziges Beispiel dafür, dass sich ein Mann in blinder Leidenschaft soweit hinreissen lässt, unter dem Scheine der Gastlichkeit dem von ihm Geladenen nach dem Leben zu trachten. Graf Wigmann von Sachsen lebte mit einem anderen Grossen, dem Grafen Balderich, seit langer Zeit in Fehde. Mehrere Male bereits war dieser von ihm im offenen Felde besiegt und gedemütigt worden. Jener aber, von edler und friedfertiger Gesinnung, bemühte sich, durch einen Ausgleich die immerwährende Zwietracht beizulegen, was ihm auch gelang. Nun lud er den früheren Gegner in sein Haus, bewirtete ihn festlich und entliess ihn mit reichen Gastgeschenken. Bald darauf wurde er selbst angeblich zur Besiegelung des neuen Freundschaftsbündnisses von Balderich zu Gast gebeten. Arglos kam Wigmann der Bitte nach, fand auch eine herzliche Aufnahme. Doch bei der Mahlzeit liess ihm der heimtückische Feind auf Anstiften seines Weibes einen vergifteten Trank reichen, und als jener, sofort erkrankt, unter den heftigsten Schmerzen nach Hause eilte, wurde er unterwegs von einem Knechte des Grafen meuchlings erschlagen[51]).

Im Verkehr der Menschen unter einander haben sich schon früh bestimmte Umgangsformen und Höflichkeitsbezeugungen herausgebildet,

48) Wohl nahe am Hohentwiel.
49) † 920.
50) Eck. cas. 18, S. 71/72.
51) Tietm. VIII, 47, S. 221/222; vgl. Alp. II, 12, S. 38—40.

die in ihrem Kern die Jahrhunderte hindurch immer dieselben geblieben
sind, wenn auch im einzelnen in den verschiedenen Zeitläuften mancherlei
Abweichungen bestehen. Die Sitte des Kusses war im 10. Jahrhundert
sehr verbreitet, und zwar nicht nur unter Verwandten[52]); er galt als das
allgemein übliche Zeichen der Begrüssung bei Männern und Frauen. Wie
zum Willkommen einer den andern mit einem Kusse empfing, so bot man
auch beim Abschied dem scheidenden Freunde oder Gaste den Kuss des
Friedens[53]). Ein Kuss vom Munde des Königs gereichte dem Empfänger
zu hoher Ehre. Die Untergebenen durften dem Herrscher nur dann mit
einem Kusse begegnen, wenn er seine Einwilligung dazu erteilt, eine
Gunsterweisung, die gleichfalls ausserordentlich geschätzt wurde[54]).

Ein Kuss besiegelte die Verzeihung für begangenes Unrecht und
diente als Symbol der Aussöhnung[55]). Durch den Handkuss bezeugte
man dem anderen seine Ehrerbietung[56]). Selbst leblosen Gegenständen,
wie den Reliquien der Heiligen oder einem königlichen Briefe, erwies man
hier und da die Ehre des Kusses[57]). — Vor hochgestellten Persönlichkeiten
pflegte man sich vom Sitze zu erheben[58]). Wer als Bittender oder um
Gnade Flehender kam, warf sich vor dem anderen in die Kniee oder auch
zum Beweise der vollständigen Demütigung mit dem ganzen Körper auf
den Boden[59]). In derselben Stellung nahte sich meistens der Betende
dem Angesichte des Höchsten[60]). — Zur Bekräftigung aller Gelübde,
Abmachungen und Verträge diente der Handschlag[61]). Bei Lehns-
huldigungen legte der Vasall kniend beide Hände zwischen diejenigen
des Herrn[62]); bei Wahlen drückte die erhobene Rechte die Zustimmung
aus[63]). Tiefer Schmerz offenbarte sich durch das Aufheben beider Hände[64]);

---

52) V. M. 9, SS. X, 578; Br. 20; 43; Eck. cas. 19, S. 74; Walth. 221 ff.
53) Ecb. 459, 953, S. 98, 127; Eck. cas. 10. S. 35; 13, 84; 23, 96; 26, 106;
93, 341; 111, 378.
54) Eck. cas. 72, S. 256; 86, 306; 133, 424/425; 146, 449.
55) Eck. cas. 76, 269/270.
56) Eck. cas. 146. S. 448.
57) Wid. I, 33; Eck. cas. 137, S. 436.
58) Eck. cas. 14, 56.
59) C. R. z. J. 942, SS. I, 619; Hr. Pr. 138, S. 344; V. M. 9, SS. X, 578;
Th. B. 36, SS. IV, 774; Eck. cas. 19, 128, S. 74, 415; vgl. 18, S. 70/71: *inclinare*
corum istis, Dei maledicte, et ut tibi veniam precentur pedes eis lambe; vgl. a. Kraus
c. E. Taf. XXXIV; Lamprecht Bild. Taf. IV, S. 97; im Kriege stellte sich der
Besiegte, um seine Unterwerfung zu bezeugen, unter die Feldzeichen des Siegers.
(Wid. III, 8.)
60) Hr. G. 432, S. 321; Pr. 40, S. 341; 257, S. 348; Ep. Ad. 16, SS. IV,
643; Eck. cas. 42, 150.
61) Wid. II, 1; III, 11, 76; Rich. II, 97, S. 85; Tietm. V, 5, S. 110; Eck.
cas. 31, S. 123/124; Walth. 23.
62) Tietm. VII, 31, S. 186: *manibus applicatis.*
63) Wid. I, 26, 38; II, 1; Tietm. II, 1, S. 18.
64) Tietm. VII, 13, S. 176; vgl. im allgemeinen R. A. 138—142; über eine
Art italienischer Zeichensprache, die Eckehard IV. bekannt war, Eck. cas. 8, S. 30;
pollice sic in manum recurvo elemosinam petant.

freundliches Wohlwollen dadurch, dass man mit der Hand an das Kinn des anderen fasste, eine Geberde, die häufig auch die einschmeichelnde Bitte begleitete [65]. Schliesslich sei noch auf eine auffallende Verschiedenheit der Gefühlsäusserungen damaliger und heutiger Zeit hingewiesen: es flossen, wenn man den Schriftstellern glauben darf, bei unseren Vorfahren viel mehr Thränen als bei uns. Der mittelalterliche Mensch weinte leichter und häufiger als der moderne. Selbst heldenhafte Männer vermochten sich schon bei verhältnismässig geringfügigen Anlässen der Zähren nicht zu enthalten. So trägt auch der Dichter des Walthariliedes kein Bedenken, seine kraftvollen Recken gelegentlich einmal weinen zu lassen [66].

Drittes Kapitel.

Die Frauen und Kinder.

Die Frauen nahmen bei den Deutschen immer eine bevorzugte Stellung ein. Man empfand vor dem Weibe gleichsam eine heilige Scheu, und erwies ihm Achtung und Ehrerbietung zu aller Zeit. Mit starker Hand schirmte der Mann das schwache, schutzbedürftige Geschlecht [1]. Selbst im Kriege, wo sonst nur allzu oft leidenschaftliche Grausamkeit die Gemüter beherrschte, begegnete der Germane jenen mit Milde und Schonung [2]. Vornehme Jungfrauen, wie die burgundische Königstochter Hildgund [3], wurden bei Verträgen zweier Völker als Geiseln gestellt und dienten als sicherste Bürgschaft des Friedens; auch dies ein Beweis für die Hochschätzung des weiblichen Geschlechtes. — Die Vermählung ist das wichtigste Ereignis im Leben der Frau. Im Gegensatz zu den ältesten Nachrichten bei Cäsar und Tacitus, nach denen die Germanen

---

65) Eck. cas. 86, S. 307: *a mento virum manu tenuit* (Otto I. den Abt Burchard); vgl. Gudrun VI, 386 (her. v. Bartsch, S. 80):
dô was der megede hant
an ir vater kinne. siu bat in vil sêre.
66) Wid. III, 40, 58; V. M. 16, SS. X, 581; Br. 29; Ep. A. 7, SS. IV, 640; Alp. I, 12, S. 16; Hr. G. 371, S. 319; Li. A. IV, 29, SS. III, 326; Th. B. 17, SS. IV, 766; Eck. cas. 2, S. 10; 20, 76; 30, 117; 75, 267; Walth. 689, 876; vgl. Zappert, Über den Affekt des geistigen Schmerzes im Mittelalter (Sitzungsber. der kaiserl. Akad. der Wissensch. zu Wien; philos.-histor. Klasse VIII, 1852, S. 305/306; 388/389.)
1) Ausdrücke wie *fragilior sexus, feminea fragilitas* kommen mehrfach vor: Hr. G. 316, S. 317; J. G. 17, SS. IV, 342; Tietm. IV, 10, S. 70; vgl. C. R. z. J. 965, SS. I, 627; Eck. cas. 19, S. 74.
2) Wid. I, 36; III, 52.
3) Walth. 24, 62, 598; vgl. Tacitus Germ. 8: *ut efficacius obligentur animi civitatum, quibus inter obsides puellae quoque nobiles imperantur.*

erst in reiferen Jahren zu heiraten pflegten, scheint in den späteren Jahrhunderten vielfach die Unsitte eingedrungen zu sein, bereits im jugendlichen Alter die Ehe abzuschliessen. Auch aus unserer Periode fehlt es nicht an einigen Zeugnissen hierfür. Die Kaiserin Adelheid wurde in ihrem sechzehnten Lebensjahre die Gattin Ottos I.[4]. Dessen Sohn Liutolf erhielt im Jahre 939 die noch kleine und unmündige Tochter Hermanns von Schwaben zur Frau[5]. Markgraf Sigifrid, der Sohn Geros, vermählte sich mit einem dreizehnjährigen Mädchen[6]; und Godila, die Gemahlin des Markgrafen Liuthar, hatte erst zwölf Sommer erlebt, als dieser sie heimführte[7]. *Olim ter denis, nunc denis nubitur annis!* ruft Egbert von Lüttich tadelnd aus[8].

Der Vater als der natürliche Vormund seiner Tochter sorgte für die Verlobung und Vermählung derselben; wie er andererseits vielfach auch dem Sohne eine passende Lebensgefährtin erwählte. Fürsten und Könige liessen durch Gesandte die Werbung bei der Familie der Braut ausrichten. In der Regel überbrachten diese zugleich kostbare Geschenke, eine Sitte, in der eine Spur des in älterer Zeit durchaus gesetzlichen Brautkaufes fortlebte[9]. Der schon erwähnte Markgraf Liuthar, einem berühmten Geschlechte Thüringens entstammend, hatte die anmutige Liutgerd, Tochter des Markgrafen Eckehard von Meissen, als Gemahlin für seinen Sohn Wirinhar ausersehen. Durch Vermittelung einiger Freunde lässt er dem Vater des Mädchens seine geheimen Wünsche mitteilen. Alsbald erfolgt die Zusage und auf einer Zusammenkunft der beiderseitigen Familienmitglieder gelobt Eckehard, seine Tochter dem Sohne des Thüringers zur Ehe zu geben. Zugleich bekräftigte er dies Versprechen „in Gegenwart aller als Zeugen anwesenden Grossen, wie es Recht und Sitte war"[10]. Fürstliche Kinder wurden bisweilen schon in frühester Jugend durch Abmachungen der Väter mit einander verlobt. Walther und Hildgund können hierfür als Beispiel angeführt werden[11].

---

4) Ep. A. 2, SS. IV, 638.
5) Li. A. V, 1, SS. III, 328; vgl. Hr. G. S. 324.
6) Tietm. VIII, 3, S. 195.
7) Tietm. IV, 39, S. 86.
8) Fec. 1161, S. 174.
9) Hr. G. 141—150, S. 311; 520, S. 324; 714 ff, S. 331; V. M. 1, 3, SS. X, 575, 576; vgl. Tietm. II, 4, S. 20; 5, S. 21.
10) Tietm. IV, 39, S. 114; über das Verlöbnis Heinrichs I. mit der Mathilde vgl. V. M. 3, SS. X, 576; die *desponsatio* erfolgte *sola ava eius conscia, ceteris parentum ignorantibus.*
11) Walth. 80 ff:
    nam iusiurandum Herricus et Alphere reges
    inter se dederant, pueros quod consociarent,
    cum primum tempus nubendi venerat illis.
  229. *ambo etenim norant de se sponsalia facta;*
vgl. R. A. 436.

Nach dem Tode des Vaters übernahm der Sohn die Vormundschaft für die Schwester und trat als ihr Anwalt in Heiratsangelegenheiten auf. So empfing Aetelstan, der Sohn des verstorbenen Königs Edward von England, die Abgeordneten Heinrichs I., die für dessen Sohn Otto um die Königstochter Editha anhalten sollten; und nachdem er Rücksprache mit der Schwester genommen und sie ihre Einwilligung gegeben, entliess er sie unter sicherem Geleit in die neue Heimat[12]).

Frauenraub, durch den des Weibes Frieden und Ehre verletzt wurde, galt als schweres Verbrechen und wurde strenge bestraft,[13]) ebenso die gewaltsame Entführung der Braut vor dem für die Hochzeit festgesetzten Zeitpunkte. Beide Fälle mögen durch die folgenden Geschichten ihre Erläuterung finden. Es sind Abenteuer, wie sie das Mittelalter gar häufig gesehen hat.

Dem uns bereits bekannten Wirinhar kam es zu Ohren, dass der Vater seiner Braut, Eckehard von Meissen, das fest abgeschlossene Verlöbnis rückgängig zu machen suche. In seiner Furcht, das Mädchen zu verlieren, entschloss er sich, sie durch Gewalt zu der Seinigen zu machen. Die Gelegenheit war günstig. Eckehard weilte mit Otto III. in Italien, seine Tochter Liutgerd befand sich in der Obhut der Äbtissin Mathilde zu Quedlinburg. Letztere aber hatte sich zur Teilnahme an einem Fürstentage nach Derenburg bei Halberstadt begeben. So eilte denn der geängstigte Liebhaber an den Ort, der die Geliebte barg, und erstieg an einem Tage des Jahres 998 mit etlichen mutigen Freunden die Mauern der Stadt. Die That gelang, und nach kurzer Frist kam er, unbekümmert um das Jammern und Klagen der Braut, mit ihr und den Gefährten wohlbehalten nach Walbeck. Kaum hatte die Äbtissin von dem Ereignis erfahren, als sie sofort Bewaffnete aussandte, die den frechen Räuber fangen oder töten und die Jungfrau zurückbringen sollten. Doch vergebens, die Flüchtigen waren bereits in Sicherheit. Nun wurden die Reichsfürsten von dem Vorfalle in Kenntnis gesetzt, und diese gaben ihr Urteil dahin ab, jener habe sich samt seiner Verlobten und den Helfershelfern auf einer nach Magdeburg zu berufenden Versammlung einzustellen, widrigenfalls er des Landes verwiesen werde. Darauf hin erschien dann Wirinhar barfüssig zur bestimmten Stunde, gab die Geliebte heraus und erhielt, nachdem er knieend um Gnade gefleht und Besserung gelobt, Verzeihung für sich und die Seinen[14]). — Einen ganz ähnlichen Verlauf nimmt eine andere Entführung, die in das Jahr 1014 fällt[15]). Das Opfer

---

12) Hr. G. 171 ff. S. 312.
13) Vgl. Weinh. I. 308 ff; R. A. 440.
14) Tietm. IV, 39, S. 86/87.
15) Tietm. VIII, 4—6, S. 195—197.

derselben war Reinhilde, die Burgherrin von Beichlingen[16]), der Misse-
thäter ein Vetter Tietmars von Merseburg, Markgraf Wirinhari, der bereits
früher, indessen ohne Erfolg, um jene geworben hatte. Auch hier endete
die Sache mit einer gerichtlichen Verhandlung, und das Urteil der Grossen
des Reiches lautete, die Geraubte müsse unter Beschlagnahme ihrer Güter
zurückgefordert werden; gegen den Grafen und seine Spiessgesellen
erkannten sie auf den Tod; wofern jedoch dies alles mit Wissen und
Willen der Dame geschehen sei, so wäre es das beste, wenn er sie als
Ehefrau heimführe[17]).

Für ein durchaus gesetzmässiges Ehebündnis war die Ebenbürtigkeit
erstes Erfordernis[18]). Ehehindernis war in vielen Fällen die von der
Kirche ausgebildete Lehre von den verbotenen Verwandtschaftsgraden.
Heiraten zwischen Blutsverwandten kamen aber trotzdem garnicht selten
vor; sie wurden mit dem Banne bestraft[19]). — Es lässt sich nicht
verkennen, dass die Eheschliessung in früherer Zeit durchweg einen
geschäftsmässigen Charakter trug. Das Mädchen durfte nicht frei dem
Zuge ihres Herzens folgen, sondern musste sich darein ergeben, dass
Vater oder Bruder über ihre Hand verfügten. Aber Liebe und Leiden-
schaft waren deswegen nicht tot; sie herrschen ja, so lange die Welt steht.
Nur ihr Verhältnis zur Ehe mag früher ein anderes gewesen sein. Die
Poesie muss uns Zeugnis geben von dem Liebesleben vergangener Zeiten.
Gerade das 10. Jahrhundert bietet uns in dem Walthariliede eine köstliche
Verherrlichung deutscher Frauenliebe.

Hildgund, die burgundische Königstochter, und der Königssohn
Walther von Aquitanien, sind als Geiseln an den Hof Attilas gekommen.
Das Mädchen ist die Verlobte des Jünglings. Von einem Kriegszuge
heimkehrend, begrüsst er sie herzlich mit Umarmung und Kuss. Sie bereitet dem Ermatteten den Labetrunk in kostbarem Becher und schaut
ihn schweigend an, während ihre Hand fest in der seinigen ruht. Beide
wissen, dass sie von Jugend an für einander bestimmt sind. Seine Liebes-
erklärung nimmt sie zuerst als Spott auf, überzeugt sich aber bald von
der Aufrichtigkeit seiner Worte und Pläne und gehorcht seinem Befehle,
die Flucht vorzubereiten. Demütig umfasst sie die Kniee des Helden und
ergiebt sich ganz in seinen Willen, bereit, alles mit ihm zu teilen. Auf
der Flucht lenkt Hildgund das Ross und wacht nachts über dem Geliebten,
der sein müdes Haupt in ihren Schoss bettet. Sorgsam späht sie umher
und weckt beim Nahen der Feinde den Schlummernden, ihn sanft berührend.

16) Westlich von Memleben.

17) *si autem haec omnia cum consensu matronae acta fuissent, optime uteretur
sponsa.*

18) Hr. Pr. 91, 92, S. 343; G. 229, 527, 530, S. 314, 324.

19) Tietm. VI, 28, S. 150; VII, 26, S. 184; VIII, 62, S. 231; IX, 7, S. 243;
Fec. 319, S. 70: *non potes uxorem quam dicunt ducere glorem.*

Angesichts der Feinde fleht sie ihn an, ihr den Tod zu geben; lieber will
sie von seiner Hand sterben, als in fremde Gewalt und damit vielleicht in
Not und Schande geraten. Er aber bannt ihre Furcht durch mutige
Worte, und kühn blickt sie mit ihm der Gefahr ins Auge. Ein Speer
fährt vor ihren Füssen in die Erde; sie zittert und schreit auf. Doch
bald kehrt ihr Mut zurück und sie folgt, immer nur Walther im Auge,
dem Ringen der Helden. Auch in der nächsten Nacht hält sie treulich
Wacht. Zu Häupten des Geliebten sitzend, scheucht sie durch leisen
Gesang den Schlaf von den Augen. Der neue Tag bringt den Kampf zu
Ende. Hildgund verbindet den Kriegern die Wunden und kredenzt ihnen
den Wein zum versöhnenden Trunke. So steht sie vor uns, unberührt
von der Etikette der späteren Zeit, furchtlos und treu, von hingebender
Liebe für den Mann ihres Herzens, züchtig in Wort und That, eine echt
deutsche Frau![20]) —

Die Braut pflegte von den Eltern oder Verwandten durch die Mitgift
für die Ehe ausgestattet zu werden[21]).

Nach Erledigung aller Förmlichkeiten feierte man die Vereinigung
des Paares im Kreise der Verwandten und Freunde durch das Hochzeits-
fest. Die Braut erschien gleich den übrigen Teilnehmern in prächtigem
Gewande[22]). Ein glänzendes Mahl bildete den Mittelpunkt der Lustbarkeit[23]). Auch an sonstigen Vergnügungen und Unterhaltungen fehlte es
nicht[24]). Überhaupt wurde bei derartigen Gelegenheiten ein bedeutender
Aufwand getrieben; alle überragte darin naturgemäss eine Vermählungs-
feier bei Hofe[25]). Zu bestimmten Zeiten des Jahres war die Abhaltung
von Hochzeiten durch die kirchlichen Gesetze verboten[26]).

Am ersten Tage der Ehe verlieh der Gatte seiner Neuvermählten die
übliche Morgengabe[27]). — Über den äusseren Verkehr der Eheleute, über
die Sprache der Liebe, Koseworte und dergleichen ist aus den vorhandenen

---

20) Walth. 221 ff; 235; 240 ff; 341; 503 ff; 532—534; 542 ff; 567 ff; 890 ff;
1177—1181; 1407 ff; 1416. (vgl. Tac. Germ. 7: *ad matres, ad coniuges vulnera
erunt);* vgl. Weinh. I, 246.

21) Eck. cas. 90, S. 324: *Purchard illam dux multipliciter dotatam duxit.*

22) Hr. Pr. 341, S. 351: *ornatam pulchre cultu vestis pretiosae nec non gemmatis
sponsarum more metallis.*
Dass der bräutliche Rosenkranz bereits im 10. Jahrhundert in Deutschland in
Brauch war, bezeugt eine Stelle in Notkers Marcianus Capella (Ausgabe von Graff,
1837, S. 62): *ûzer gedrungenên rôson (daz man brûten machot).*

23) V. M. 3, SS. X, 576: *nuptiale convivium.*

24) Geistliche durften sich an „weltlichen Hochzeiten" und ihren Freuden (*nuptiae
seculares*) nicht beteiligen. (V. Ou. 6, SS. IV, 395.)

25) Wid. I, 37; III, 10, 73; C. R. z. J. 947, SS. I, 620.

26) Tietm. IX, 1, S. 239; über gewisse Gebote der Kirche für das eheliche Leben
der Gatten und die Strafen, welche Ungehorsame trafen, vgl. Eck. cas. 30, S. 117/118;
Tietm. I, 24, S. 15.

27) V. M. 3, SS. X, 576; Tietm. VI, 30, S. 151; vgl. Weinh. I, 402.

Quellen nicht das mindeste zu entnehmen. Ebensowenig erfahren wir von der Ehescheidung und den hierfür gültigen Rechtssatzungen. Es findet sich nur eine auf die Stadt Schleswig bezügliche Angabe, nach welcher daselbst das Recht der Scheidung bei den Frauen lag. „Das Weib scheidet sich selbst, wann sie will" [28]).

Der Tod des Mannes traf viele Frauen so schwer, dass sie für immer der Welt entsagten, ihre Habe der Kirche überwiesen und den Rest ihres Lebens im Kloster verbrachten [29]). An dem alljährlich wiederkehrenden Todestage des Gatten ehrte die eine oder andere das Andenken des Verstorbenen durch eine Spende an die Armen [30]). Andererseits gehörten Wiederverheiratungen der Witwen nicht zu den Seltenheiten [31]).

Unter den Beschäftigungen der Frauen stehen die Haus- und Handarbeiten obenan. Sie waren auch in den höheren Ständen allgemein üblich. Mit Spinnen und Weben, Sticken und Schneidern [32]) ging manche Stunde des Tages hin. In den äusseren Klosterschulen wurden die Mädchen in diesen häuslichen Künsten unterrichtet [33]). Die Königin Mathilde hatte in Herford gar wohl mit Nadel und Schere umzugehen gelernt; auch später war sie unablässig im Hause thätig und gönnte sich nur an Festtagen Musse zum Lesen [34]). Die verschiedensten Gegenstände, Kleiderstoffe, Tücher, Teppiche, auch Paramente für kirchliche Zwecke wurden angefertigt und zum Teil durch kunstvolle Stickereien auf Seide mit Gold und Perlen geziert. Durch hervorragende Geschicklichkeit im Sticken zeichnete sich die Stifterin des Klosters Bergen bei Eichstädt aus. Es war Biletrud, die Witwe des Herzogs Berchtold, die auch andere Jungfrauen in ihrer Kunst unterwies und der Eichstädter Domkirche viele prächtige Gewänder schenkte [35]). Die heilige Wiborada webte leinene Bücherbezüge für die Mönche in St. Gallen [36]). In einer Urkunde Ottos II. vom Jahre 976 werden die Frauen und Töchter gewisser Dienstmannen

---

28) Jacob, S. 13.
29) C. R. z. J. 966, SS. I, 628; Mi. W. 14, SS. IV, 226; Tietm. VIII, 3, S. 195; Eck. cas. 82, S. 298.
30) Eck. cas. 84, S. 301.
31) J. G. 11, 45, SS. IV, 340, 350; Tietm. I, 5, S. 4.
32) Vgl. Schl. Gl. (ZfdA. V, 363); *forpex-scara; subula-suwila* (Pfriemen); *acus-nadila.*
33) Specht, S. 280, 281.
34) V. M. rec. 3, SS. IV, 285: *puella mirum in modum proficiebat in cunctis — capax in studio disciplinae litteralis et operum industriis;* vgl. V. M. 11, SS. X, 579.
35) Anonymus Haserens. 14, SS. VII, 257/258: *praepondentem quandam dominam Pia vocatam, quae omnes illius temporis feminas artificiarum subtilitate incomparabiliter dicitur superasse. Haec multis et miris ornatibus ecclesiam nostram decoravit, non solum per semetipsam operando seu tradendo, verum etiam alias multas multa artificiorum genera docendo;* vgl. Alp. I, 2, S. 6.
36) H. W. 6, SS. IV, 452: *ad obvolvenda sacrorum librorum volumina propriis manibus decora solebat contexere linteamina;* vgl. Mi. Ou. 28, SS. IV, 424, wo ein *texile ferrum* genannt wird.

des Erzstiftes Mainz verpflichtet, Arbeiten in Leinen-, Wollen- und Seidenstoff zur Ausstattung eines Gotteshauses zu liefern[37]). Das Spinnen war
vor allem eine echt weibliche Beschäftigung, daher auch die Kunkel das
Sinnbild der Hausfrau[38]). Auf einem Bilde des Stuttgarter Psalters sehen
wir die Jungfrau Maria in der Tracht einer vornehmen Frau des 10. Jahrhunderts Garn spinnen[39]). Eine silberne Spindel hing über dem Grabe
der Herzogin Liutgart von Lothringen und Franken, einer Tochter Ottos I.,
in der St. Albanskirche zu Mainz[40]). Bemerkenswert ist hier noch eine
Stelle aus der Chronik Tietmars, wo von der durchaus unweiblichen
Lebensweise der Slavenfürstin Beleknegini die Rede ist; sie trank über
die Massen, ritt wie ein Kriegsmann einher und erschlug einst im Jäh-
zorn einen Mann. Besser wäre es gewesen, sagt der Verfasser, ihre blut-
befleckte Hand hätte die Spindel geführt[41]). — Das Haus blieb immer
das eigentlichste Arbeitsfeld der Frauen. Doch auch ausserhalb desselben
haben sie sich mehr als einmal bewährt, und die Geschichte ist nicht arm
an Beispielen dafür, dass Germanenweiber es selbst in Kampf und Krieg
nicht an Heldenmut und Seelenstärke fehlen liessen. Wir gedenken hier
jener Frauen der Stadt Meissen, die bei der Belagerung des Ortes im
Jahre 1015 ihren Männern bei der Verteidigung der Mauern kühn und
furchtlos zur Seite standen, ihnen Steine zutrugen und die Feuerbrände
löschten[42]).

Von jeher war das Frauengemüt äusserst empfänglich für Religion,
religiöse Stimmung und Lebensbethätigung. In frommen Andachtsübungen
sowie in den Werken christlicher Liebe und Barmherzigkeit, in der Sorge
für Arme und Schwache, fanden auch viele reiche und angesehene Frauen
des Ottonischen Zeitalters ihre Befriedigung[43]). Andere, bei denen die
Sehnsucht nach Gott und göttlichen Dingen alle irdischen Gelüste verdrängte, suchten das Kloster auf, um sich hier durch einen gottseligen
Wandel ein Anrecht auf den Himmel zu erwerben[44]). Der Zudrang zu
den Frauenklöstern war jederzeit ein sehr bedeutender[45]), und derjenigen

---

37) Guden, codex diplomat. 1743, I, S. 349, CXXVII: — *ut sicut dicta ecclesia
Masculorum utitur obsequio, sic etiam in lineis, laneis vel sericis ecclesiae ornamentis
Femineo quandoque honoretur artificio.*
38) R. A. 163, 171.
39) H.-A. I, Taf. 22.
40) Tietm. II, 39, S. 43.
41) Tietm. IX, 4, S. 241.
42) Tietm. VIII, 23, S. 206; vgl. Alp. II, 13, S. 42.
43) Wid. III, 74; V. M. 11, SS. X, 579; V. M. rec. 10, SS. IV, 290; Ep. A.
5, 17, 21, SS. IV, 639, 643, 644; der Armenpflege wurde überhaupt unter dem
Einfluss der kirchlichen Zeitrichtung eine grosse Sorgfalt zugewandt; vgl. Br. 47;
V. Ou. 4, 26, SS. IV, 391, 411, 412; Th. B. 5, SS. IV, 760; Tietm. III, 25, S. 63;
IV, 36, S. 84.
44) J. G. 52, SS. IV, 351; Tietm. VIII, 55, S. 226.
45) Vgl. Specht, S. 256, 257.

nicht wenige, welche die Ehe als Sünde und nur den Bund mit Christus, dem himmlischen Bräutigam; als den allein berechtigten und erlaubten ansahen[46]). Andererseits fanden sich wieder Nonnen, die früher oder später des klösterlichen Lebens überdrüssig, in die Welt zurückkehrten, um an der Seite eines Mannes glücklich zu werden[47]).

Früh schon erhielten die gelehrten Studien Eingang in die Nonnenklöster und wurden mit grossem Eifer gepflegt[48]). Der allgemeine Aufschwung der Wissenschaften unter Otto dem Grossen wirkte auch hier anregend und befruchtend; gar manche Klosterbewohnerin zeichnete sich durch eine feine Bildung aus. Die merkwürdigste Erscheinung in dieser Hinsicht ist die berühmte Nonne Hrotsvitha von Gandersheim[49]). — Die litterarische Bildung drang über die Klostermauern hinaus und gewann auch in den Kreisen der vornehmen Frauen immer weitere Verbreitung. In späteren Tagen pries man die feine Frauenbildung als einen besonderen Vorzug der sächsischen Kaiserzeit. Die Königin Mathilde unterrichtete sogar ihre Diener und Dienerinnen in den Wissenschaften[50]). Von der Kaiserin Adelheid heisst es, sie sei „höchst unterrichtet", von ausnehmender Klugheit und oftmals in Lektüre vertieft gewesen[51]). Sie unterhielt Beziehungen mit Gerbert, dem bedeutendsten damaligen Gelehrten. Alle aber überragte die Griechin Theophano[52]). Bekannt als emsige Jüngerin der Wissenschaft ist auch Frau Hadwig vom Hohentwiel, die Witwe des Herzogs Burkard von Schwaben. Sie war des Lateinischen und Griechischen kundig, unterwies in der letzteren Sprache den jungen Klosterschüler Burkard und trieb mit ihrem Lehrer Eckehard klassische Studien[53]). „Literata" nennt der Verfasser der St. Galler Klosterchronik auch eine gewisse Wendilgarth, sowie die Tochter Salomons von Konstanz[54]). — Über die Pflege der Musik von Seiten des weiblichen Geschlechtes verlautet in den Quellen nichts; doch ist wohl mit Sicherheit zu schliessen,

---

46) Hr. Pr. 304 ff, 326—329, S. 350/351; sehr bezeichnend sagt der Verfasser der V. Ou. (27, SS. IV, 414): *Hiltegart, uxor praefati Riwini comitis, quamvis nupta, tamen satis religiosa.*

47) Vgl. Tietm. IV, 57, 64, S. 95, 99.

48) Specht. S. 255 ff.

49) R. Köpke, Hrotsuit von Gandersheim, 1869 (Ottonische Studien II), Litteratur S. 1—25; über Hr. wissenschaftliche Bildung S. 161 ff; vgl. Specht, S. 267—269.

50) Wid. III, 74: *domesticos omnes famulos et ancillas — litteris quoque instituit; nam et ipsa litteras novit, quas post mortem regis lucide satis didicit.*

51) Wid. III, 7; Ep. A. 20, SS. IV, 644: *lectionibus intenta;* Eck. cas. 144, S. 446: *litteratissima erat.*

52) Vgl. Köpke-Dümmler, Kaiser Otto der Grosse, 1876, S. 480.

53) Eck. cas. 90, S. 323/324: *litteris Graecis adprime est erudita;* S. 324: *litteris Latinis studens;* vgl. S. 329, u. 94, S, 344/345.

54) Eck. cas. 82, S. 299; 29, S. 114; Tietmar wurde als Knabe von Emnilde, der Schwester seiner Mutter, in den Anfangsgründen unterrichtet. (Tietm. IV. 16, S. 74.); vgl. im allgemeinen Weinh. I, S. 136—138; Specht, S. 285/286; Wattenbach, Deutschlands Geschichtsquellen im Mittelalter, 5. A., 1885, I, S. 300/301.

dass man sich auch damit beschäftigte. Eine Miniatur des Stuttgarter Psalters zeigt eine Königin, die mit einem Griffel die Laute spielt[55]). —

Hell und glänzend hat sich bisher deutscher Frauen Bild vor unseren Augen entrollt; es wird sich in etwas trüben, wenn wir in Kürze noch die sittlichen Verhältnisse in Betracht ziehen[56]). Das Concubinat war während des ganzen Mittelalters bei den Reichen durchaus üblich, und zwar ohne dass die öffentliche Meinung darin etwas Anstössiges fand[57]). Die mit einem Kebsweibe erzeugten Kinder nahmen eine untergeordnete Stellung ein[58]). Ehebruch von Seiten des Weibes gehörte nicht zu den seltenen Vorkommnissen. Welch' verderbte Zustände in dieser Hinsicht vielerwärts herrschten[59]), wie tief sich manche Frauen erniedrigten und wie schamlos sie sich geberdeten, schildert Tietmar von Merseburg an mehr als einer Stelle mit unzweideutigen Worten[60]). Auch die öffentliche Unsittlichkeit hatte eine weite Ausdehnung angenommen. Feile Dirnen trieben an vielen Orten ihr Unwesen. Vor ihnen warnt die heilige Wiborada den jungen Ulrich[61]). Einen Einblick in die Stätten des öffentlichen Lasters, wie sie unter den Ottonen in manchen Städten bestanden haben mögen, gewähren verschiedene Scenen aus dem „Abraham" und dem

---

55) H.-A. I, Taf. 26, F, S. 16.

56) Vgl. Gerdes, S. 646—650.

57) Vgl. Weinh. II, 15 ff.

58) Wid. I, 9; vgl. C. R. z. J. 939, SS. I, S. 618; Eck. cas. 29, S. 114; Li. A. I, 33, SS. III, 283.

59) Vgl. Fec. 152, S. 37:
Omne bonum in tectis coniunx vagabunda ligurrit; M. S. DM. XXVII, S. 47, 65: *Femina raro bona, sed que bona digna corona.* Vgl. den Modus Liebinc (M. S. DM. XXI, S. 32):

> *Constantiae civis Suevulus trans aequora*
> *gazam portans navibus*
> *domi coniugem lascivam nimis relinquebat.*
> *— nec interim domi vacat coniux.*
> *mimi iuvenes secuntur:*
> *quos et inmemor viri exulis excepit gaudens,*
> *atque nocte proxima*
> *praegnans filium iniustum fudit iusto die.*

Über die Rechtfertigung der des Ehebruchs beschuldigten Herzogin Liutgart von Lothringen durch das Gottesurteil des Zweikampfes vgl. C. R. z. J. 950, SS. I, 620; Tietm. II, 39, S. 43; Dümmler, Kaiser O. d. Gr. S. 179.

60) Tietm. IV, 63, S. 99:
quarum magna pars menbratim iniuste circumcincta, quod venale habet in se, cunctis amatoribus ostendit aperte. Cumque sit in hiis abhominatio dei et dedecus seculi, absque omni pudore coram procedit speculum totius populi.
       IX, 13, S. 240:
apud modernos autem, quia libertas peccandi plus iusto atque solito ubique dominatur, plus quam compressa ancillarum multitudo, quaedam pars matronarum cupidine veneria pruritui noxio subscalpente, marito vivente mechatur. Et in hoc eis non sufficit, sed hunc per adulterum morti furtiva consilii inspiratione tradit et post haec malum caeteris exemplum eodem publice sumpto pro dolor! potestatione abutitur.
Vgl. Alp. I, 3, S. 8.

61) Eck. cas. 57, S. 215: *ne ullis colloquiis vanis mulierculis misceari.*

„Pafnutius" der Hrotsvitha. Da begegnet uns der lärmende Haufe der *amatores*, der *stabularius* und die *meretrix* mit ihrem ganzen Apparate, dem *triclinium ad inhabitandum aptum*, dem *cubile bene stratum et delectabile ad inhabitandum* und der *pretiosarum varietas divitiarum*[62]). „Es sind Sittenbilder aus der Zeit der Verfasserin selbst, wenn auch die Grundrisse anders woher entlehnt sind"[63]).

Selbst in dem Stande, der vor allen durch Sittenreinheit und unbefleckten Wandel anderen als Vorbild dienen sollte, in den Kreisen der Geistlichkeit, geschahen wiederholt Vergehen gegen die Sittlichkeit[64]). Im Gegensatz hierzu sei an die oft geradezu lächerliche Scheu erinnert, die Geistliche und Männer Gottes vor allem, was Weib hiess, empfanden. Der heilige Adalbert wurde einst in seiner Jugend auf dem Heimwege aus der Schule von einem Genossen auf ein vorübergehendes Mädchen gestossen, zur grössten Freude aller Mitschüler. Der fromme Knabe aber erging sich in den bittersten Wehklagen über sein Missgeschick; „*heu me nupseram!*" rief er aus und, mit dem Finger auf den Anstifter des Unheils zeigend: „*hic me nubere fecit!*"[65]). Andere schlossen ängstlich die Augen, wenn sie irgendwo in der Nähe ein weibliches Wesen witterten, und setzten sich um keinen Preis an einen Ort, den zuvor eine Frau durch ihre Gegenwart entheiligt hatte[66]). Zwei Urteile von Geistlichen über den Charakter der Frauen lauten auch nicht eben günstig: „*varium et mutabile semper est femina*" sagt Eckehard IV.[67]), und Tietmar: „*flexibilis est mulieris animus*"[68]). —

Alles in allem genommen, muss man gestehen, dass der Stand der Sittlichkeit unter den Deutschen des 10. Jahrhunderts manches zu wünschen übrig liess und gestrengen Sittenrichtern vielfach Anlass zu gerechtem Tadel und zum Preise einer besseren Vergangenheit bot[69]). Doch wann wäre es, abgesehen von der ältesten Zeit, jemals anders gewesen?!

Das Leben der Kinder berühren die Schriftsteller nur in den seltensten Fällen. Freude und Dank herrschte bei den Eltern, denen ein Kindlein geschenkt war. Die Geburt eines Königssohnes wurde durch Lobgesänge

---

62) Vgl. Abraham, S. 223 ff; S. 225:
in domo cuiusdam lenonis habitationem elegit, qui tenello amore illam colit. nec frustra; nam omni die non modica illi pecunia ab eius amatoribus adducitur. Vgl. S. 228; Pafnutius, S. 247 ff.

63) Köpke, a. a. O. S. 205; Verbote gegen Ausschweifungen S. 206/207; über die Tracht gemeiner Weiber (*obolariae*) vgl. Li. Leg. 55, SS. III, 359.

64) V. Ou. 6, SS. IV, 395; V. Ad. 19, SS. IV, 589; Rich. II, 81, S. 79; Tietm. VI, 9, S. 138; Eck. cas. 29, 124, S. 112/113, 404.

65) V. Ad. 5, SS. IV, 583.

66) J. G. 16, SS. IV, 341; Eck. cas. 34, S. 130.

67) cas. 120, S. 393.

68) I, 9, S. 7.

69) Ein solcher *laudator temporis acti* ist Egbert von Lüttich, der mehrfach in seiner Fecunda Ratis die gute, alte Zeit lobt, während er die zunehmende Verschlechterung der gegenwärtigen Welt bitter beklagt; vgl. Fec. Einl. S. XLIV, u. XLV.

und festliches Glockengeläute gefeiert[70]). Die wundersam klingende Angabe eines Berichterstatters, dass die Einwohner von Schleswig die neu-
geborenen Kinder ins Meer geworfen hätten, „um sich die Ausgaben zu
sparen," wird mit einiger Vorsicht aufzunehmen sein[71]). Es ist nicht
einzusehen, wie bei einem derartigen Verfahren eine wirksame Fort-
pflanzung der Generationen hätte stattfinden sollen. Mehr Glauben
verdient eine Nachricht der Quedlinburger Annalen zum Jahre 1012,
wonach im Dorfe Kochstädt bei Aschersleben ein völlig missgestaltetes
Zwillingspaar auf Beschluss der Bürger kurz nach der Geburt getötet
wurde[72]). Der Beweggrund mag freilich eher abergläubische Furcht, als
Sorge um das spätere Gedeihen der Brüder gewesen sein. Mehrfach
wurden Kinder, welche die Eltern zum geistlichen Stande bestimmt hatten[73]),
schon bald nachdem sie das Licht der Welt erblickt, einem Kloster geweiht,
so Burchard, der nachmalige Abt von St. Gallen[74]). Für die Benennung
des Kindes waren oft die Namen der nächsten Verwandten, der Eltern
oder Grosseltern, massgebend[75]). Dass man die Kinder der Obhut einer
Amme anvertraut habe, wird gelegentlich erwähnt[76]).

Das Spiel ist das Leben des Kindes, der Drang dazu von Natur
her in die Kindesseele gepflanzt. An den geistlichen Schulanstalten des
Mittelalters trugen die sonst so gestrengen Lehrer dem Rechnung und
gewährten ihren Zöglingen freie Zeit zum Spiel[77]). Die täglichen
Unterrichtsstunden wurden durch Pausen unterbrochen, in denen sich die
Knaben „mit Spielen und Scherzen von den Anstrengungen des Lesens"
erholten[78]). Freilich gab es immer einige Übereifrige, die fromm und
sittsam sich von dem lauten Treiben fern hielten, was ihnen den Spott
der anderen eintrug. So führte Ulrich von Augsburg als Knabe den
Spitznamen „sanctulus", der kleine Heilige[79]). Regelmässig fiel der Unter-
richt an Sonn- und Feiertagen aus[80]). Ausserdem wurden an einzelnen
Schulen den Schülern bei besonderen Gelegenheiten ausserordentliche
Vakanzen bewilligt. Die St. Galler Knaben hatten alljährlich drei Ferien-
tage zur Erinnerung an den Besuch König Konrads im Jahre 911. An

---

70) V. M. 10, SS. X, 578.
71) Jacob, S. 13.
72) A. Qu. z. J. 1012, SS. III, 81; vgl. Tietm. VII, 22, S. 181.
73) Vgl. S. G. Ub. III, 6, 784, 922.
74) Eck. cas. 85, S. 303/304: *pater illum nutricis sinu adductum Gallo super aram
ipsius ponens* —.
75) V. M. 6, 10, SS. X, 577, 578.
76) Hr. G. 898, S. 337; Eck. cas. 85, S. 304.
77) Specht, S. 216 ff.
78) V. Ad. 4, SS. IV, 583.
79) Eck. cas. 57, S. 213/214: *coaevulis se licentia data ad ludos parantibus,
feriatis diebus;* 58, S. 216; vgl. Tietm. VII, 34, S. 188.
80) Eck. cas. 67, S. 240.

diesen durften sie nach einer weiteren Bestimmung Bischof Salomons III. Fleisch essen, und sollten, ein jeder mit drei Gerichten und dem zugehörigen Getränke aus dem Abthofe beschenkt werden[81]). Den Verlauf eines solchen schulfreien Tages und die Freuden, die er den vom Schulzwange Befreiten brachte, schildert das Vakanzlied Eckehards IV.[82]). Da vergnügte man sich mit Steinwerfen, im Wettlauf oder auch im Ringkampfe, bei dem die Gegner unbekleidet waren[83]). Andere ergötzten sich am Ballspiel, Kreiselschlagen und Pfeilschiessen[84]). Eine beliebte Unterhaltung bestand in dem gegenseitigen Aufgeben und Lösen von Rätseln[85]). Auch an fröhlichen Liedern wird es nicht gefehlt haben[86]). Der Hauptfreudentag des Jahres fiel in die Weihnachtszeit, auf den 28. Dezember, den Tag der unschuldigen Kindlein. Es waltete vielfach in den Klosterschulen der Brauch, dass an diesem Feste Lehrer und Schüler die Rollen tauschten, die letzteren erhielten das Regiment, und jene mussten die Untergebenen spielen. Bei allen aber herrschte Lust und ausgelassene Fröhlichkeit[87]).

Über den Betrieb und die Gegenstände des Unterrichts haben wir hier nicht zu handeln. Eine vortreffliche Darstellung aller einschlägigen Verhältnisse giebt überdies Specht in seinem öfters genannten Buche. An dieser Stelle sei nur noch auf die Schulscenen im *„Pafnutius“* und in der *„Sapientia“* der Hrotsvitha verwiesen[88]).

Die Zucht war allgemein eine strenge, die Erziehungsweise hart und rauh. Stock und Rute gehörten zu den unentbehrlichen Hilfsmitteln des Unterrichts, und Schläge zum täglichen Brote der Jugend[89]). Sie mögen gar oft sehr am Platze und redlich verdient gewesen sein. Mancher Magister wird schon damals manch' stillen Seufzer über die Last seines

---

81) Eck. cas. 16, 26, S. 60, 106.
82) ZfdA. XIV, S. 44/45; vgl. Specht, S. 219.
83) Eck. cas. 135, S. 429/430: *interdum nudi tabulis luserant.* Zur Entwickelung solcher Kampfspiele vgl. Waitz Vfg. V, 1874, S. 401.
84) Vgl. E. L. Rochholz, Alemannisches Kinderlied und Kinderspiel, 1857, S. 383, 420, 461. — Notker zu Psalm 63, 8 : *Sagittae infantium sunt, plagae eorum. iro strâla uuurden chindo strâla. diû ûzer stengelen iro scoz máchónt.* (Piper, die Schriften Notkers II, 1883, S. 240.)
85) Sechs Rätsel aus einer Reichenauer Hs. vom Anfang des 10. Jahrh. bei J. Zingerle, das deutsche Kinderspiel im Mittelalter, 2. A. 1873, S. 64. Vgl. M.-S. DM. S. 13/14.
86) Über ein sonst nicht nachweisbares Kinderlied vom Zaunkönige vgl. Fec. 458/459, S. 96:
    Inter aves reliquas biteriscus queritat escas,
    (Hoc carmen pueris) „but, but“ *de cornibus exit.*
87) Eck. cas. 14, S. 56; 26, 105; Specht, S. 222—224.
88) Pafnutius, S. 239 ff; Sapientia, S. 278 ff; vgl. Köpke, a. a. O. S. 208/209.
89) Specht, S. 202 ff. Vgl. Folc. 20, SS. IV, 64; Eck. cas. 67, 141, S. 240, 441; Mi. Gorg. 19, SS. IV, 244: *scutica-quod est verber ex corio factum.*

Berufes gen Himmel gesandt haben. Über allerlei Schulmeisterelend
legen die Klagen Egberts von Lüttich umfassendes Zeugniss ab[90]).

Viertes Kapitel.

Krankheiten und Heilkunde, Tod und Bestattung.

Epidemische Krankheiten traten im 10. Jahrhundert nicht selten auf,
und bei dem niedrigen Stande der Arzneiwissenschaft, die den Seuchen
gegenüber geradezu ohnmächtig war, forderten sie, wo sie erschienen,
zahllose Opfer. Aussatz und Blattern, pestartige und Fieberkrankheiten
suchten die deutschen Lande heim[1]). Mit am häufigsten trafen derartige
Epidemien die italienischen Heere unserer Kaiser[2]). Das heisse Klima
des Südens war einer der gefährlichsten Feinde für den deutschen Krieger.
Ganze Unternehmungen scheiterten auf diese Weise. Viele, die über die
Alpen zogen, sahen die deutsche Erde nicht wieder, andere, die zurückkehrten, trugen den verderblichen Keim mit sich in die Heimat. Dem
italienischen Fieber erlag unter andern zu Anfang des Jahrhunderts der
sonst nicht näher bekannte Bischof Landaloh von Treviso, ein Zögling
St. Gallens. Auch Eckehard I. wurde von der Krankheit ergriffen; ausdrücklich bezeichnet der Chronist als Ursache derselben die Luft Italiens[3]).
Im übrigen ist es nicht unwahrscheinlich, dass man unter dem Namen
„Fieber" alle möglichen krankhaften Erscheinungen zusammenfasste, deren
Wesen man nicht genau kannte. Öfters fehlt überhaupt die nähere Angabe der Todesursache, und wir finden nur allgemeine Ausdrücke, wie
morbus, pestilentia u. a. Kopfschmerzen plagten wie heute gar manchen[4]).
Zur Zeit Tietmars wurden zwei Arten von Migräne unterschieden, indem
man annahm, dieselbe rühre entweder von der Gicht oder von einem
Wurmleiden her[5]). — Zu den mit einem wunderthätigen Heiligen ge-
segneten Orten drängte sich eine Menge von Leuten, die mit den verschiedensten Leiden behaftet waren, Blinde, Lahme, die sich mit Hilfe
von Stöcken, Krücken oder kleinen Schemeln mühsam fortschleppten,

---

90) Vgl. Fec. I, 369 f; 383; 414; 508 f; 591; 667 f; 671 f; 703 f; 739 f;
801 f; 847—850; 977 f; 979 f; 1093—1096; 1612—1617.
1) Wid. III, 61; C. R. z. J. 956, SS. I, 623; Alp. I, 6, S. 9; A. Qu. z. J.
988, 989, 994, SS. III, 68, 72; Ann. Hildesh. z. J. 990, SS. III, 68; vgl. Gerdes,
S. 347.
2) C. R. z. J. 964, SS. I, 626/627.
3) Eck. cas. 9, S. 34; 80, 282; vgl. 23, 97: *confectus Italica febre*; Br. 41.
4) Eck. cas. 27, S. 107.
5) Tietm. IV, 72, S. 104: *migranea, quae duplex est, aut ex gutta aut ex ver-
mibus.*

Epileptische und Geisteskranke[6]). Viele von ihnen warfen sich auch einem hohen Geistlichen, der gerade die Strasse gezogen kam, in den Weg, um so Heilung zu erlangen[7]).

Wer die nötigen Mittel besass, vertraute sich in Krankheitsfällen einem Arzte an. *Medici*, also Leute, die sich berufsmässig mit der Heilkunst beschäftigten, begegnen mehrfach[8]). Nicht selten waren es Juden, die schon damals eine Vorliebe für die medizinische Wissenschaft an den Tag legten[9]). Ausserdem aber gab es nicht wenige Männer, die neben ihrer eigentlichen Berufsthätigkeit grossen Eifer und viel Geschick für ärztliche Dinge bewiesen, sodass sie zum Teil Ausgezeichnetes leisteten. Es waren die Geistlichen, die vielfach nicht nur Seelenärzte, sondern auch befähigt sein wollten, die leiblichen Schäden und Gebrechen ihrer Pflegebefohlenen zu heilen. So war Bischof Derold von Amiens († um 945) *in arte medicinae peritissimus*[10]). Der bekannte Bernward von Hildesheim wurde 1012 an das Krankenlager des Erzbischofs von Magdeburg berufen, um diesem Linderung zu verschaffen[11]), und Thieddeg, der seine Ausbildung in Korvei genossen und später den Prager Bischofsstuhl inne hatte, musste 1017 den vom Schlage gerührten Herzog Bolizlav von Böhmen behandeln; seine Bemühungen waren von Erfolg gekrönt, der Kranke verspürte alsbald einige Erleichterung[12]). Sehr alt war die Pflege der Heilkunst in St. Gallen; schon gegen Ende des 9. Jahrhunderts verstand dort der Mönch Iso († 888) heilkräftige Salben für Aussätzige, Blinde und Gelähmte herzustellen[13]). Unter den Ottonen aber besass das Kloster, wenn man so sagen darf, eine medizinische Autorität ersten Ranges, den Notker Pfefferkorn, der eben wegen seiner Kunst den Beinamen „*medicus*" führte[14]). Sein Ruhm war weit ver-

---

6) Mi. Gorg. 23, 25, SS. IV, 246; Mi. Ou. 2, 7, 8, 14, 16, 20, SS. IV, 419—422; Mi. W. 10, SS. IV, 225. — Reliquienkult und Heiligenverehrung zählen zu den charakteristischen Merkmalen der Zeit. Translationen von heiligen Gebeinen, besonders von Italien her, wurden mit Eifer betrieben; *furtum sacrum* galt den Bischöfen als erlaubt. Vgl. Transl. S. Epiphanii, SS. IV, 248—251; Tietm. II, 16, 17, S. 28, 29; Wattenbach, a. a. O. I, 323/324; Gerdes, S. 624—632.

7) Eck. cas. 59, S. 220.

8) Mi. W. 12, SS. IV, 226; Li. A. IV, 23, SS. III, S. 322; Transl. Epiph. 10, SS. IV, 251; Rich. II, 59, S. 68: *cirurgi* amputieren einen Fuss; Fec. 1048—1050, S. 166.

9) Rich. IV, 107, S. 180; Vgl. A. Berliner, Aus dem inneren Leben der deutschen Juden im Mittelalter, 1871, S. 47/48.

10) Rich. II, 59, S. 68.

11) Tietm. VII, 10, S. 175: *curationis gratia.*

12) Tietm. VIII, 56, S. 227.

13) Eck. cas. 31, S. 124; vgl. Dümmler, Gesch. des ostfr. Reiches, 2. A. III, 659, 660, n. 6. — Auf dem St. Galler Bauriss von 820 ist ein Haus der Ärzte, ein Kranken- und ein Aderlasshaus eingetragen, ferner ein Arzneikräutergarten; vgl. Keller, Bauriss, S. 28—30; das Krankenhaus (*domus infirmorum*) erwähnt auch Eck. cas. 43, S. 155. — Für alte Leute bestanden besondere Hospitäler (Br. 49).

14) Eck. cas. 74, 92, S. 263, 337; Notker starb 975.

breitet, die Vornehmsten suchten bei ihm Rat und Hilfe, am königlichen Hofe war er gern gesehen[15]). Nicht nur dass er theoretisch die umfassendsten Kenntnisse besass — in den Schriften des Hippokrates und Galenus war er durchaus bewandert —, sondern vor allem zeichnete er sich auch durch ein hohes praktisches Können aus, und mancher verdankte ihm Gesundheit und Leben[16]). Abt Burchard, der sich durch einen Unfall beim Reiten den Oberschenkel verrenkt und schwer verwundet hatte, wurde durch Notkers Kunst soweit wiederhergestellt, dass er wenigstens vermittelst zweier Krücken zu gehen vermochte[17]). Bei einem anderen, der geblendet war, heilte jener die wunden Augenhöhlen in kurzer Frist[18]). Er verstand es, aus der Beschaffenheit des Harnes den Gesundheitszustand des Betreffenden zu beurteilen, ebenso kannte er die Anzeichen der Blattern und wusste ein sicher wirkendes Mittel auch für diese Krankheit[19]). Bei Beinbrüchen wurde zunächst ein fester Verband angelegt, sodann verschiedene Linderungsmittel gebraucht[20]). War dabei ein Versehen gemacht worden, so kam es wohl vor, dass die Bruchstelle schief anheilte. Der Verletzte blieb dann zeitlebens hinkend[21]).

Auf dem Gebiete der Geburtshilfe kannte man den Kaiserschnitt, mittelst dessen das noch nicht ganz reife Kind aus dem Leibe der toten Mutter herausbefördert wurde. Um es dann am Leben zu erhalten, pflegte man es in warme Speckhaut einzuhüllen. Der oben erwähnte Abt Burchard von St. Gallen war ein solcher „Ungeborener"[22]). Dasselbe wird vom Bischof Gebhard von Konstanz berichtet[23]). — Bei Geschwüren oder dergleichen griff der Arzt, wenn kein anderes Mittel mehr wirkte, schliesslich zum Brenneisen[24]). Dass sich jemand dem Aderlass unterzogen, findet sich einmal angemerkt[25]).

Als Arznei- und Hausmittel waren überall Kräutertränke und verschiedene, nach bestimmten Vorschriften zusammengebraute Mischungen

---

15) Eck. cas. 125, S. 406.
16) Eck. cas. 123, S. 400.
17) Eck. cas. 97, S. 352.
18) Eck. cas. 78, S. 273.
19) Eck. cas. 123, S. 400.
20) Eck. cas. 82. S. 294: *fomenta, ligamenta..*
21) Eck. cas. 82, S. 294.
22) Eck. cas. 85, S. 303, 305. (*solebant autem fratres eum cognominare ingenitum*).
23) Cas monast. Petrishusens. I, 6 (SS. XX, 629): *Gebehardus ex defunctae matris utero excisus et quibusdam fomentis obvolutus est, usque ad tempus nativitatis, Deo eius vitam ad multorum salutem reservante. De talibus tamen excisis litterae testantur, quod, si vita comes fuerit, felices in mundo habeantur.*
Vgl. J. Grimm, Deutsche Mythol. 4. A. 1875, I, S. 322—323; Stälin, Wirtemberg. Geschichte III, 47, n. 5.
24) Br. 17.
25) V. Ou. 24, SS. IV, 409.

beliebt[26]). Allgemein verbreitet scheint der sogenannte Paulinische Trank gewesen zu sein. Die Zusammensetzung desselben lernen wir unter anderem aus medizinischen Werken des 12. und 16. Jahrhunderts kennen[27]). Für unsere Periode findet sich bei Tietmar von Merseburg die Notiz, dass im Jahre 1012 ein gewisser Markgraf Liuthar erkrankt und plötzlich gestorben sei, nachdem er sich durch den Paulinischen Trank berauscht hatte[28]). Auch der Wein fand in der Medizin Verwendung; Ohnmächtigen wurde er zur Wiederbelebung eingeflösst[29]). Für sehr gesund galt Ziegenmilch, welche die Ärzte gelegentlich verordneten[30]). Über den Wert und die Zuträglichkeit der einzelnen Nahrungsmittel für Gesunde und Kranke war man sich nicht unklar. Darauf deuten auch die diätetischen Bemerkungen und Vorschriften hin, die uns Eckehard überliefert hat: Schwämme z. B. müssten siebenmal gekocht werden, damit sie ohne Nachteil gegessen werden könnten; der Lauch sei unschädlich nur, wenn er mit vielem Wein genossen werde; Leute mit schwachem Magen, denen Knoblauch sehr zuträglich sei, sollten dagegen Haselnüsse und das unverdauliche Fleisch von Pfau, Schwan und Ente vermeiden; Hirse sei für Fieberkranke geradezu Gift[31]).

Von höchster Bedeutung für die Entwickelung der Arzneiwissenschaft war das Emporkommen der medizinischen Schule zu Salerno, die wahrscheinlich schon um die Mitte des 9. Jahrhunderts bestand. Im zehnten hatte sie bereits einen solchen Ruf erlangt, dass weltliche und geistliche Fürsten aus weiter Ferne herbeieilten, um dort Hilfe zu suchen, so im Jahre 984 Bischof Adalbero von Verdun[32]). Ein in Salerno gebildeter

---

26) J. G. 94, SS. IV, 364: *corpus ei pene naturali semper insolubilitate duruerat, ut difficile cibus in eo decoqueretur. Inde potiones herbarum aut plerumque quae ad id facerent vel conducerent pigmentorum, libenter sumebat; his tantum admissis, reliqua medicorum tam diversa arte confecta recusabat;* vgl. 78, SS. IV, 359: *medicamentorum in morbis quibusque ingruentibus adhibitio.* — Gegen Unterleibsleiden wurde Aloe gegeben; (Rich. III, 96); medizinisches Kraut bei Eck. ben. 207, S. 114; auch verschiedene Teile von Tieren, etwa vom Bären (*ursus medicabilis*) fanden Anwendung (ben. 119, S. 110).

27) Tietm. S. 183, n. 5. vgl. Du C. VI, 224: *potio ut videtur venenata, qua postea exstinctus Henricus VII. imperator data a Paulino monacho ordinis praedicatorum, quae re vera Potio Paulina dici potuit.*

28) Tietm. VII, 26, S. 183: *potione Paulina inebriatus.* Ob der Verfasser hier wirklich ein Arzneimittel im Sinne gehabt hat, lässt sich nicht entscheiden; vielleicht bezeichnet er mit dem obigen Ausdruck einfach den Wein, und zwar im Hinblick auf die Bibelstelle 1. Timoth. 5, 23: „Trinke nicht mehr Wasser, sondern brauche ein wenig Weins, um Deines Magens willen und dass Du oft krank bist", wozu man Eck. ben. 263, S. 116 vgl. möge: *Timotheo vinum Paulus cui dat medicinam.*

29) Mi. Gorg. 21, SS. IV, 245; Eck. cas. 140, S. 144.

30) Eck. ben. 144, S. 111.

31) Vgl. Eck. ben. 76, 78, 82, 174, 198, 211, 212, 215, S. 109, 112 113, 114.

32) Gesta episcop. Vird. cont. 6, SS. IV, 47.

Arzt weilte um 940 am Hofe Ludwigs des Einfältigen von Frankreich[33]).
Die Annahme liegt nahe, dass solche gelegentlich auch nach Deutschland
gelangt sind. Bestimmte Belege fehlen allerdings. Jedenfalls aber wird
die berühmte salernitanische Schule nicht ohne Einfluss auf die deutsche
medizinische Wissenschaft der Zeit geblieben sein[34]).

Ebenso wichtig wie die Hilfe des Arztes ist für den Kranken eine
sorgsame Pflege. Dazu war von jeher niemand berufener als die Frau.
Schon in unserem Altertum verstand sich das weibliche Geschlecht auf
allerlei Heilkünste[35]); und könnten wir einen Blick thun in eine Kranken-
stube des 10. Jahrhunderts, wir würden auch dort am Krankenlager ihres
Gatten oder Kindes die Hausfrau mit still sorgender Hand schalten sehen.
Niemand freilich erzählt davon, nur der Dichter des Walthariliedes weist
uns auf diesen Zug im Leben der deutschen Frauen hin, wenn er nach
dem heissen Kampfe am Wasgenstein Hildgund die Wunden der Helden
verbinden lässt[36]).

Von den Lebenden ist bisher gehandelt worden. Es erübrigt noch
der Toten zu gedenken, das Lebensende der damaligen Menschen uns zu
vergegenwärtigen und die Gebräuche zu betrachten, die sich ans Sterben
wie an die Bestattung knüpften[37]).

Freilich bleiben es nur sehr wenige, über deren letzte Stunden wir
einigermassen unterrichtet sind, und diese wenigen gehören meist den
Grossen des Landes an. Denn was kümmerte den Geschichtschreiber
jener Zeit das Sterben des Einzelnen aus der breiten Masse des Volkes,
hielt er doch nicht einmal das Leben desselben auch nur einer Silbe
wert. Gleichviel werden sich aus den überlieferten kurzen Nachrichten
unschwer Schlüsse für das Allgemeine ergeben. —

Wer das Ende herannahen fühlt, richtet sein Augemerk darauf, seine
irdischen Angelegenheiten wohl zu ordnen. So ist es heute, so war es
immer. Vor Notar und Zeugen diktierte Erzbischof Bruno von Köln
(gest. am 11. Oktober 965) auf dem Sterbebette seinen letzten Willen[38]).
Bischof Ulrich von Augsburg[39]) liess kurz vor seinem Tode seine sämtlichen

---

33) Rich. II, 59.
34) Vgl. H. Haeser, Lehrbuch der Geschichte der Medizin und der epidemischen
Krankheiten, 3. A. I, S. 648.
A. Dresdner, Kultur- und Sittengeschichte der italienischen Geistlichkeit im 10.
und 11. Jahrhundert, 1890, S. 211—214.
35) Weinh. I, 170 ff.
36) Walth. 1407/1408.
37) Vgl. Gerdes, S. 642—646.
38) Br. 43.
39) Gest. am 4. Juli 973.

Habseligkeiten vor dem Altare des Gotteshauses niederlegen und vermachte sie hier, nachdem er sich zuvor auf einem vor dem Altarkreuze hingebreiteten Teppiche niedergelassen hatte, teils der Kirche, teils den Geistlichen und Armen[40]). Ebenso verteilte die Königin Mathilde ihren reichen Besitz unter verschiedene Bischöfe, Priester und Klöster; dass sie auch der Notleidenden dabei nicht vergass, braucht kaum gesagt zu werden[41]). Dem Konstanzer Bischof Salomon wurde auf dem Sterbelager eine besondere Tafel zur Aufzeichnung seines Testamentes gereicht[42]). — Doch die weltlichen Dinge traten bei dem Einzelnen in der Todesstunde völlig in den Hintergrund, ein anderes lag jedem weit mehr am Herzen, das Heil seiner Seele, und seine letzten Gedanken liefen einzig darauf hinaus, durch ein reumütiges Bekenntnis alles Böse aus ihr zu verbannen, damit sie lauter und rein ihrem himmlischen Berufe entgegengehen könne[43]). Daher suchte man vor allen Dingen der kirchlichen Segnungen teilhaftig zu werden, und ohne die Sterbesakramente hinzuscheiden galt als frevelhaft. Da Ratpert von St. Gallen seinen Tod erwartete, waren gerade vierzig seiner ehemaligen Schüler zugegen. Jedem derselben empfahl er seine Seele, und erhielt von jedem das Versprechen, dass der betreffende nicht weniger als dreissig Messen zum Heile derselben lesen werde[44]). Das heilige Abendmahl wurde dem Sterbenden gleichsam als „viaticum" gereicht[45]). Sowohl Otto der Grosse als auch sein Bruder Bruno von Köln verlangten und empfingen dasselbe[46]). Ein anderes Sterbesakrament, die sogenannte letzte Ölung, scheint im 10. Jahrhundert nur ganz ausnahmsweise zur Anwendung gekommen zu sein, so bei dem Abte Burchard von St. Gallen, dessen Tod am 9. August 975 erfolgte[47]).

Eine verbreitete Sitte war es, dass der Sterbende eine Haardecke oder ein härenes Gewand unter sich ausbreiten, oder dass er Asche in Kreuzform auf den Boden streuen und dieselbe mit Weihwasser besprengen

---

40) V. Ou. 26, SS. IV, 412; erwähnt werden Chorhemden, Tischtücher, Mäntel und *decem solidi argenti*.

41) V. M. 15, SS. X, 580; sie starb am 14. März 968.

42) So wird wohl der Ausdruck *super tabulam lecti* (Eck. cas. 27, S. 107) am richtigsten gedeutet, oder ist ein Schreibepult gemeint?

43) V. Ou. 26, SS. IV, 411. Das Erdenleben wurde im christlichen Sinne durchaus als Verbannung, der Leib als Gefängnis der Seele aufgefasst. Darauf weisen schon die von den Schriftstellern gebrauchten Ausdrücke für „Sterben" hin; vgl. z. B. Tietm. II, 24, S. 34.

44) Eck. cas. 44, S. 157. Ratpert starb bald nach 884: *Deum, uti se diutius morbo coqueret rogans — panis nitidus transiit.*

45) Eck. cas. 43, S. 155.

46) Wid. III, 75; Br. 44.

47) Eck. cas. 122, S. 397/398. Zwei andere Fälle aus dem Jahre 1012 bei Tietm. VII, 11, 24, S. 175, 182/183. Die letzte Ölung ist zunächst nur eine *unctio infirmorum;* erst im 12. Jahrh. werden dafür Namen üblich wie *sacramentum exeuntium, extrema unctio.* Die Krankenölung wird zum Sakrament des Sterbenden. Vgl. Herzog u. Plitt, Realencyklopädie X, S. 728.

liess, um dann auf diesem Kreuze ruhend, den Tod zu erwarten[48]). Mit
den letzten Worten rief man öfters einen der Heiligen an, ihm den Geist
befehlend, andere starben mit einem Bibelverse auf den Lippen[49]). Die
Anwesenden pflegten unablässig Gebete zu verrichten oder durch leisen
Psalmengesang sanften Trost zu spenden[50]). Im Kloster rief, wenn einem
der Brüder der letzte Augenblick nahte, ein Glockenzeichen die übrigen
in das Sterbegemach zusammen[51]). — Die Behandlung der Leiche erfolgte
meistens unter Beobachtung bestimmter Regeln. Sie erforderte ein ge-
wisses Geschick, das nicht jeder besitzen konnte[52]). Wie heute, so gab
es auch damals bereits Leute, die sich ausschliesslich mit diesem traurigen
Geschäfte befassten[53]). Unmittelbar nach dem Tode wurde der Leichnam
entblösst und vollständig abgewaschen, darauf mit den dazu bestimmten
Gewändern neu bekleidet und auf eine Bahre gelegt. In vielen Fällen
fand alsdann eine Überführung in die Kirche statt, teils der öffentlichen
Ausstellung, teils der gottesdienstlichen Ceremonien wegen[54]).

Das Totenkleid erscheint in mannigfaltiger Form. Häufig, namentlich
bei gewöhnlichen Leuten, diente dazu einfaches Linnen, mit dem die Leiche
entweder nur lose umhüllt oder fest umwickelt wurde[55]). Hohe Geistliche
pflegten in ihrer priesterlichen Amtstracht beigesetzt zu werden[56]). Um
dieselbe vor allzu rascher Zerstörung zu schützen, legte man dem Bischof
Ulrich von Augsburg ausserdem ein mit Wachs getränktes Gewand an[57]).
Die Königin Mathilde hatte ein Linnen- und ein scharlachfarbenes Kleid
im voraus für ihr Begräbnis bestimmt; da sie dieselben indessen noch kurz

---

48) V. M. 15, SS. X, 581; V. Ou. 27, SS. IV, 413; Eck. cas. 125, S. 406;
Tietm. VII, 12, 13, S. 175/176 beschreibt das Ende des Erzbischofs Waltherd von
Magdeburg (1012): er lag mit der Stola bekleidet auf dem *cilicium*, auf seiner Brust
ruhte ein Kruzifix, in den Händen hielt er Asche.

49) Eck. cas. 125, S. 407; vgl. 28, a. E.

50) Tietm. II, 26, S. 35; VII, 24, S. 182/183; Ep. A. 21, SS. IV, 644; Br.
45; Eck. cas. 43, S. 155; 125, 406 (*psalmicani*; vgl. SS. II, 137, n. 66.)

51) Eck. cas. 125, S. 406; vgl. M. Gerbert, Vetus Liturgia Alemannica II, 1012
(*campanae pulsus in agone et mox post obitum*).

52) V. Ou. 26, SS. IV, 411.

53) V. Ou. 14, SS. IV, 403; *polintores*, nach Du C. VI, 395: *sepulturae cura-
tores;* vgl. Fec. 1205, S. 177.

54) Br. 12, 46; Hr. Pr. 553 ff. S. 358; V. Ou. 27, SS. IV, 414/415; Eck. cas.
44, 80, S. 155, 292; Tietm. III, 4, S. 49/50; V, 41, S. 130; VIII, 32, S. 212;
vgl. Gerbert, a. a. O. 1009 ff.

55) Vgl. Kraus c. E. Taf. XXVI, L; Lamprecht Bild., Taf. V, S. 99/100. Ähnliche Darstellungen kehren in den Handschriften des Sachsenspiegels wieder.

56) Tietm. III, 11, S. 54; 17, S. 58; VII, 1, S. 170. Bernward von Hildesheim
hatte für seine Beisetzung angeordnet, *ut feretrum, quo ad tumulandum corpus eius
efferebatur, non pallio, ut moris est in talis personae funereo obsequio, sed cilicio tantum
operiretur* (Th. B. 54, SS. IV, 781).

57) V. Ou. 27, SS. IV, 414.

vor ihrem Hinscheiden verschenkte, so verwandte man hernach ein anderes, das mit kostbarer Goldstickerei verziert war[58]).

Ort der Bestattung war der Friedhof oder die Kirche, in der vor allem weltliche und geistliche Grosse ihre letzte Ruhe fanden[59]). Otto I. sorgte schon bei seinen Lebzeiten dafür, dass ihm ein Grab im Dom zu Magdeburg bereitet werde[60]). Eheleute erhielten womöglich ihre Ruhestätte neben einander, und zwar wurde der Mann zur Linken der Gattin gebettet[61]). Verbrechern wurde die Beerdigung in der Nähe eines Gotteshauses nur ausnahmsweise zugestanden[62]).

Die Särge waren sehr verschieden, bei Reichen und Vornehmen oft prächtig ausgestattet. Derjenige Ottos I. bestand aus Marmor[63]). Eine Inschrift befand sich an der Innenseite des Sarkophags, den sich Bernward von Hildesheim aus rotem Sandstein meisseln liess[64]). Die Gräber wurden häufig fest ausgemauert. Bei grösseren führten alsdann Stufen in die Tiefe. Von dieser Art war das Grab Ulrichs von Augsburg, dessen Leichnam dem Wunsche des Verstorbenen gemäss ohne Sarg unter einem bretternen Deckel auf den nackten Boden gelegt wurde. Über der Ruhestätte errichtete man ein festgetäfeltes Holzwerk, dicht zusammengefügte Steine bildeten den oberen Verschluss[65]). Sehr geräumig muss die Begräbnisstätte des im Jahre 923 verstorbenen Halberstädter Bischofs Sigimund gewesen sein. Dieser wurde nämlich nicht in der gewöhnlichen liegenden Stellung, sondern auf dem bischöflichen Stuhle sitzend bestattet. Die Überlebenden liessen den Gräbern sorgfältige Pflege angedeihen[66]). Als äusserer Schmuck diente wohl ein Kreuz[67]). Am Grabe des heiligen Ulrich, das mit einem schützenden Teppiche bedeckt war, erhellte eine immerwährend brennende Lampe den geweihten Raum[68]). — Das Grab galt als heilig und unantastbar. Wer die Ruhe der Toten störte, beging damit einen schweren Frevel. Tietmar von Merseburg machte sich einst eines solchen schuldig, da er die Gebeine des Propsten Willigis von Waldbach ausgraben liess, um den Platz zu einer Begräbnisstätte für die Frau seines Bruders zu verwenden. In der

---

58) V. M. 15, SS. X, 580/581; vgl. Rich. III, 110, S. 127 (Leichengewand aus Seidenstoff).
59) Wid I, 41; C. R. z. J. 919, SS. I, 615; V. Ou. 27, SS. IV, S. 414/415 Eck. cas. 32, S. 125.
60) Tietm. II, 17, S. 28.
61) Tietm. VIII, 7, S. 198.
62) Eck. cas. 20, S. 78.
63) Tietm. II, 43, S. 45.
64) Th. B. 56, SS. IV, 781. Der Sarg Bernwards ist noch heute erhalten; vgl; J. M. Kratz, Der Dom zu Hildesheim, 3. Teil, 1840, S. 40/41, Taf. 13.
65) V. Ou. 27, SS. IV, 414/415; vgl. 14, 403.
66) V. Ou. 25, SS. IV, 410.
67) Tietm. III, 2, S. 49.
68) Mi. Ou. 1, SS. IV, 419.

Gruft fand sich damals ein silberner Kelch, eine Thatsache, in der man
vielleicht eine Spur jenes altgermanischen Brauches erkennen kann, den
Abgeschiedenen Dinge, die ihnen im Leben besonders teuer gewesen
waren, mitzugeben[69]).

Vielfach wurde es üblich, die Eingeweide gesondert zu bestatten[70]),
eine Sitte, die ursprünglich dadurch veranlasst war, dass, wenn der Tod
im fremden Lande eintrat, die Sektion und Einbalsamierung der Leiche
zur besseren Erhaltung auf dem Wege in die Heimat notwendig wurde.

Das Leichenbegängnis erhielt sein eigentümliches Gepräge durch die
damit verbundenen kirchlichen Riten und Feierlichkeiten. Adalbero, der
Neffe Ulrichs von Augsburg, starb im Jahre 973 auf einer Reise, die er
mit seinem Oheim zusammen unternommen hatte, in Dillingen an der
Donau. Der Leichnam wurde auf einen mit Pferden bespannten Wagen
gelegt und, von einer grossen Volksmenge geleitet, nach Augsburg gebracht.
In der Nähe der Stadt kamen die Domgeistlichen, Kreuze und Weihwasser, Kerzen und Weihrauchgefässe tragend, dem Zuge entgegen, mit
ihnen zahlreiche Leidtragende und Neugierige. Unter den entsprechenden
Gebeten und Gesängen bewegte sich der Kondukt dem Grabe zu, und,
nachdem hier das Messopfer abgehalten, wurde der Sarg der Erde über-
geben[71]). Die Bestattung Brunos von Köln zog sich durch acht Tage
hin. Am 11. Oktober war sein Tod erfolgt, und erst am 19. wurde er
in dem von ihm erbauten Pantaleonskloster beigesetzt, nachdem vorher
eine Aufbahrung in zwei anderen Kirchen stattgefunden hatte[72]). —
Wer einem Verstorbenen nahe gestanden, versäumte niemals, ihm die
letzte Ehre zu erweisen[73]), um den toten König trauerte das ganze Volk,
und jeder, dem sich die Möglichkeit bot, nahm teil an dem Leichenbegängnis, bei dem stets ein reiches Gepränge entfaltet wurde[74]). — Die
Totenfeier erreichte im allgemeinen erst am dreissigsten Tage nach der
Beerdigung ihr Ende. So lange währten die Seelenmessen für den Ver-
blichenen; erst nach Ablauf dieser Frist durften auch die Erben in den
Besitz des Erbgutes treten[75]).

---

69) Tietm. VI, 45, S. 161.
70) Tietm. II, 43, IV, 50, VII, 13, S. 45, 92, 176; vgl. IV, 9, S. 69.
71) V. Ou. 24, SS. IV, 409.
72) Br. 47, 48.
73) Dem Sarge Bischofs Waltherd von Magdeburg folgten *familia, clerus omnis,
Iudeorum magna et, quorum erat pater, orphanorum multitudo, amici cum hereditariis.*
(Tietm. VII, 13. S. 176.)
74) Wid. II, 41; V. M. 7, SS. X, 577; über das Leichenbegängnis Ottos III. vgl.
den ausführlichen Bericht bei Tietm. IV, 50—53, S. 92—94; Th. B. 37, SS. IV, 775.
75) Tietm. I, 21, S. 13; V, 111, S. 149; vgl. die von Heinrich II. auf der
Synode zu Dortmund im Jahre 1005 erlassenen Verordnungen. (Tietm. VI, 18,
S. 143/144.)

Wir sind ans Ende unseres Weges gelangt. Ein Blick zurück auf
den durchmessenen Pfad, ruft aufs neue die Empfindung in uns wach, wie
gering und unbedeutend im Grunde die Ausbeute ist, die er uns gewährte,
wie wenig wir fanden von dem, was wir suchten. Überall traten uns nur
Spuren einer reichen Vergangenheit entgegen, oft forschten wir selbst nach
diesen vergebens. Allerdings wird sich manches ohne weiteres verall-
gemeinern und eine Nachricht, die sich auf einen einzelnen Fall oder eine
bestimmte Persönlichkeit bezieht, auf einen grösseren Kreis übertragen
lassen. Doch ist Vorsicht geboten. Im grossen und ganzen darf man
freilich sagen, dass diejenigen kultur- und sittengeschichtlichen Belegstellen unserer mittelalterlichen Quellen, die, nach Abzug des aus
den alten Klassikern Entlehnten, für die deutsche Vorzeit übrig
bleiben, meist einen grösseren Anspruch auf Wahrheit verdienen, als viele
Berichte über Vorgänge der politischen Geschichte. Fälschungen und
Entstellungen des wahren Sachverhaltes, wie sie hier leider nur zu häufig
vorkommen, sind auf jenem Gebiete, wo es sich um das private Leben der
Menschen handelt, so gut wie ausgeschlossen. Immer ist natürlich der geistliche Stand der Verfasser zu berücksichtigen, die alles gleichsam durch
einen Weihrauchschleier sehen, und danach hat man ihre Ansicht von den
Dingen der Welt zu beurteilen. Aber schon der Umstand, dass kein
einziger Schriftsteller der sächsischen Kaiserzeit, Eckehard IV. vielleicht
ausgenommen, irgendwann einmal nach einem vorgefassten Plane dies und
jenes über das häusliche Leben und Treiben des Volkes erzählt, sondern
dass alle hierauf bezüglichen Notizen sich nur beiläufig und in der Regel unbeabsichtigt angemerkt finden, schon dieser Umstand verschafft denselben
ein höheres Mass von Glaubwürdigkeit. — Dichterische Phantasie mag
mit leichter Mühe das Wenige, das uns aufbehalten ist, zu einem farben-
prächtigen Bilde des Lebens im Zeitalter der Ottonen gestalten; unserem
Scheffel ist ein solches ja meisterhaft gelungen. Uns kam es darauf an,
nur thatsächlich Überliefertes zu geben, und darauf fussend, das Vergangene
gegenwärtig zu machen.*)

---

*) Die vorliegende hier in Buchform erscheinende Arbeit ist von der philoso-
phischen Fakultät der Friedrich - Wilhelms - Universität zu Berlin als Inaugural-
Dissertation zur Erlangung der Doktorwürde genehmigt worden.

MIX
Papier aus verantwortungsvollen Quellen
Paper from responsible sources
FSC® C105338

FSC
www.fsc.org

If you have any concerns about our products,
you can contact us on
ProductSafety@springernature.com

In case Publisher is established outside the EU,
the EU authorized representative is:
Service Center GmbH
Heidelberg, Germany
by Libri Plureos GmbH
Hamburg, Germany